钢轨铝热焊接现场施工技术

刘明科　李云红
刘　斌　靳宝军　主编

中国铁道出版社有限公司

2021年·北京

内 容 简 介

本书主要阐述钢轨铝热焊接现场施工技术，包括基础知识、施密特钢轨铝热焊接技术、QP钢轨铝热焊接技术、钢轨焊接接头管理以及铝热焊接典型问题共五部分，涵盖了钢轨铝热焊接的主要理论知识和实践技能，以期满足相关人员学习需要。

本书主要供铝热焊接人员学习之用，也可作为工务系统专业管理人员参考用书。

图书在版编目(CIP)数据

钢轨铝热焊接现场施工技术/刘明科等主编. —北京：中国铁道出版社有限公司，2021.11

ISBN 978-7-113-28515-9

Ⅰ.①钢… Ⅱ.①刘… Ⅲ.①钢轨-铝热焊 Ⅳ.①U213.9

中国版本图书馆 CIP 数据核字(2021)第 223130 号

书　　名：钢轨铝热焊接现场施工技术
作　　者：刘明科　李云红　刘　斌　靳宝军

责任编辑：邱金帅　　**编辑部电话：**市电(010)51873347，路电(021)73347
封面设计：尚明龙
责任校对：孙　玫
责任印制：高春晓

出版发行：中国铁道出版社有限公司(100054，北京市西城区右安门西街 8 号)
网　　址：http://www.tdpress.com
印　　刷：北京柏力行彩印有限公司
版　　次：2021 年 11 月第 1 版　2021 年 11 月第 1 次印刷
开　　本：787 mm×1 092 mm 1/16　**印张：**9　**字数：**214 千
书　　号：ISBN 978-7-113-28515-9
定　　价：40.00 元

前言

钢轨铝热焊接是工务系统的一项重要作业，现场的钢轨焊接质量直接影响列车运行安全。本书结合现场钢轨铝热焊接主要施工技术以及钢轨焊接接头管理，并对现场出现的典型问题进行剖析，形成贴近生产一线更具针对性和实用性的内容。

本书主要阐述钢轨铝热焊接的现场施工技术，包括基础知识、施密特钢轨铝热焊接技术、QP钢轨铝热焊接技术、钢轨焊接接头管理以及铝热焊接典型问题五部分，涵盖了目前钢轨铝热焊接的主要理论知识和实践技能，通俗易懂，图文并茂，以期在满足现场操作人员学习需要的同时，也可供工务系统专业管理人员使用。希望通过此书使钢轨铝热焊接质量有所提升。

本书由刘明科、李云红、刘斌、靳宝军主编，在编写和审定过程中得到了铁科院以及工务系统有关专家的大力支持和帮助，在此一并表示衷心的感谢！

由于编者水平有限，书中内容难免存在不足之处，敬请专家及同行指正。

编　者

2021年9月

目 录

第一章　基础知识

第一节　钢　　轨

一、钢轨的要求及分类

钢轨的主要功用是支持并引导机车车辆按规定的方向运行，将来自车轮的荷载和冲击传布于轨枕和扣件之上；在自动闭塞区段，钢轨又成为轨道电路中的一部分，起到信号电流的传输作用；在电气化区段，钢轨还作为电力机车牵引电流的回流导线作用。

1. 钢轨的要求

(1)钢轨必须为车轮提供连续、平顺和阻力最小的滚动表面，又为机车提供最大的黏着牵引力，因而要求钢轨顶面具有相应的摩擦系数，能产生一定的摩擦力。

(2)钢轨受到车轮碾压会产生弯曲，为抵抗弯曲，钢轨应具有相当的强度。但因钢轨是承受冲击的受力体，为了减轻车轮对钢轨的冲击作用，减少机车、车辆走行部分及钢轨的裂损，钢轨又必须具有一定的挠度。

(3)为使钢轨不致被巨大压力压溃或迅速磨耗，钢轨应具有足够的硬度。但硬度太高时，钢轨又容易被车轮的动力冲击所折断，因此钢轨又应具有一定的韧性。

此外，钢轨还应具有较强的抗剥离性和抗疲劳性，一定的耐腐蚀性，良好的可焊性等。

2. 钢轨的分类

(1)按每米钢轨大致质量的千克整数(kg/m)分，有 75 kg/m(P75)、60 kg/m(P60)、50 kg/m(P50)、43 kg/m(P43)、38 kg/m(P38)五种。我国铁路干线主要采用 60 kg/m 钢轨，重载铁路采用 75 kg/m 钢轨，地铁或城铁上多数采用 50 kg/m 和 60 kg/m 钢轨。

(2)按照钢轨断面的对称性，可以分为对称断面钢轨和非对称断面钢轨。对称断面钢轨一般用于铁路干线、支线、站线等线路用轨，如 50 kg/m、60 kg/m、60N、75 kg/m、75N 钢轨等。非对称断面钢轨主要用于制作道岔钢轨，如尖轨、叉心轨或翼轨，例如我国铁路使用的 50AT1、60AT1、60AT2、60AT3、60TY1 等。此外，还有电车用槽型轨、起重机轨等。

(3)按钢轨含有的化学成分，可以分为碳素轨(俗称素轨)和合金轨两大类。碳素轨主要以碳(C)、锰(Mn)两种元素来提高强度，改善韧性，如 U71Mn 轨、AP_1 轨、U74 轨。合金轨是以碳素轨为基础，添加适量合金元素钒(V)、钛(Ti)、铬(Cr)、钼(Mo)等，来提高钢轨的强度和韧性，如 PD_1 轨、PD_3 轨、V-Ti 轨。

(4)按力学性能划分，钢轨可分为普通轨、高强度轨和耐磨轨。普通轨是指抗拉强度不小于 800 MPa 的钢轨；高强度轨是指抗拉强度不小于 900 MPa 的钢轨；耐磨轨是指抗拉强度不小于 1 100 MPa 的钢轨。我国铁路线路上使用的钢轨钢种主要有 880 MPa 级 U71Mn，980 MPa 级 U75V(原 PD_3)和 1 180～1 280 MPa 级重载铁路用 U77MnCr、U78CrV(原 PG_4)等高强耐磨钢轨。

(5)按金相组织，钢轨可分为珠光体轨、贝氏体轨和马氏体轨三大类。

(6)按长度，钢轨分为标准轨和短尺轨。标准轨包括 100 m、75 m、25 m 及 12.5 m 四种；专供曲线地段铺设内轨用的标准缩短轨为短尺轨，曲线缩短轨长度有比 12.5 m 标准轨短 40 mm、80 mm、120 mm 三种，有比 25 m 标准轨短 40 mm、80 mm、160 mm 三种。

二、钢轨中各元素的作用

钢铁，学名铁碳合金，分为钢与生铁两大类，一般含碳量超过 2%的铁碳合金称生铁，含碳量 0.02%～2%的铁碳合金称为钢。钢轨就是钢的一种产品。

钢轨的组织与性能，主要取决于它的化学成分。合适的化学成分是保证钢轨质量，提高钢轨机械性能的主要因素之一，而钢材冶金过程中难以除去的有害元素，又对钢材性能产生不良的影响。碳素钢轨所含基本化学成分有铁(Fe)、碳(C)、锰(Mn)、硅(Si)、磷(P)、硫(S)等。合金钢轨除含有这些元素之外，还含有铬(Cr)、钼(Mo)、钒(V)、钛(Ti)、铌(Nb)和稀土(RE)等元素。

1. 碳元素

碳可以提高钢轨的强度、硬度和耐磨性。钢轨中碳的含量一般在 0.55%～0.8%，因此钢轨钢的组织在钢的状态图中为铁素体加珠光体。随着碳元素含量增加，珠光体成分增大，铁素体含量相对减少。当碳元素含量增加到 0.8%时，钢轨的组织全部为珠光体组织。钢轨在冶炼、轧制过程中严格控制碳元素含量不大于 0.8%。

为了提高钢轨钢的强度，通常提高含碳量。强度提高时硬度也随之提高，但钢中含碳量偏高，钢质变脆，其塑性指数会显著降低，塑性和韧性下降，同时还会增加钢中产生白点的可能性。从碳当量公式可知，碳是影响可焊性的主要元素，碳含量增大导致可焊性变差。碳含量增加使得焊接高温区的奥氏体晶粒增大，导致焊后钢轨接头的韧性下降。

2. 锰元素

钢中的锰来自炼钢生铁及脱氧剂锰铁。一般认为锰在钢中是一种有益的元素，锰是强化元素，在钢中加入锰可以提高钢的强度和耐磨性，增加钢的韧性，还可以除去钢内有害氧化铁和硫化夹杂物，锰含量一般控制在 0.6%～1.54%之间，含锰量超过 1.2%的钢称为中锰钢，它的抗磨性很高。锰固溶在奥氏体中，使珠光体转变温度降低，从而得到细的珠光体组织。

从碳当量公式可以看出，锰也是影响可焊性的元素，在钢轨焊接加热过程中会引起晶粒变粗大，脆性增加。在钢轨焊接过程中，锰与硫结合形成 MnS 非金属夹杂物，以液态膜形态存在钢轨闪光断面上。顶锻时，若未将钢轨端面的液态膜完全挤出，会形成焊接缺陷(如灰斑缺陷)。

3. 硅元素

硅易与氧化合，能起到除去钢中气泡的作用。硅是强化元素，钢中含有适量的硅，能提高钢的硬度和耐磨性。为了提高钢轨的耐磨性能，硅常作为合金元素加入。国产钢轨钢含硅量一般为 0.15%～0.9%，但含量过多，会使钢质硬而脆，导致钢轨塑性和韧性降低，容易在焊缝中产生气孔、夹渣。

硅能降低钢轨的焊接性能，在焊接加热过程中，由于硅与氧的亲和力强，在焊接钢轨端面容易生成低熔点的硅酸盐，顶锻不能完全挤出形成灰斑缺陷，严重降低焊接接头质量。

硅元素增加使钢轨导热性变差，脱碳倾向增大，在焊接时钢轨端头升温速度不宜太快。

4. 磷和硫元素

磷和硫是生铁中带来的而在炼钢时又未能除尽的有害元素，是钢中有害的残存元素。在钢轨钢中必须严格限制它们的含量不大于 0.04%。

硫不溶于铁，而以 FeS 形式存在，FeS 会与 Fe 形成共晶，并分布于奥氏体的晶界上，当钢材在 1 000 ℃～1 200 ℃压力加工时，由于 FeS—Fe 共晶(熔点只有 989 ℃)已经熔化，并使晶粒脱开，钢材将变得极脆，这种脆性现象称为热脆。硫化物常以颗粒状残留于钢中，在钢轨轧制时与钢一起被压延成片状，造成钢轨内分层或纵向裂纹。在钢中增加含锰量，可消除硫的有害作用，锰能与硫形成熔点为 1 620 ℃的 MnS，而且 MnS 在高温时具有塑性，这样避免了热脆现象。硫与铁生成 FeS 夹杂物存在钢中，使钢的塑性和韧性降低。

磷在钢中全部溶于铁素体中，虽可使铁素体的强度、硬度有所提高，但磷化物的最大危害是降低钢的塑性和韧性，特别在低温条件下，钢的塑性、韧性急剧降低，并使钢的脆性转化温度有所升高，使钢变脆，易导致断轨，这种现象称为“冷脆”。磷的存在还会使钢的焊接性能变坏，因此钢中含磷量应严格控制。磷急剧增加钢的脆性，尤其是冷脆性。硫和磷还容易导致焊接热裂纹而降低接头性能。

5. 钒元素

钒元素在钢中以碳化物形式存在，它起着细化晶粒的作用，因此它提高钢的强度和韧性，有利于提高焊接接头质量，U75V 钢轨含钒 0.05%～0.12%。

6. 稀土元素

钢轨中加入微量的稀土元素(0.02%～0.05%)，起着改变夹杂物形态及对夹杂物变质处理作用。加入微量稀土元素后有利于提高钢轨钢的韧性。

7. 铬元素

合金钢轨中含有较多的铬元素，强化合金钢轨含铬 0.70%～1.20%。铬是固溶强化元素，加铬使钢的珠光体转变温度降低，形成细珠光体，提高钢的强度和钢轨的耐磨性能。

8. 铌元素

碳素钢轨中加入 0.01%～0.05%的铌元素，对钢的韧性和耐疲劳性能有较明显作用，但对钢的强度和塑性指标影响不明显。固溶到奥氏体中的铌可使原始奥氏体晶粒细化，从而也使珠光体细化。当铌含碳量达到 0.1%时，钢轨钢的韧性、塑性和疲劳强度反而降低。

三、钢轨钢种分类

(一)钢轨钢种分类

1. 碳素钢轨

碳素钢按其含碳量的不同，可分为低碳钢(平均含碳量小于等于 0.25%)、中碳钢(平均含碳量在 0.25%～0.60%)和高碳钢(平均含碳量在 0.60%～2%)。按照铁碳金相分类，含碳量为 0.77%为共析钢，低于 0.77%的为亚共析钢，超过 0.77%的为过共析钢。

普通碳素钢轨，又称普碳钢轨，俗称素轨。此类钢轨一般钢中碳含量随强度等级的不同，在 0.70%～0.80%范围内变化，锰含量小于 1.30%，硫、磷含量控制在 0.030%以下，无其他合金元素加入。我国早年间生产的碳素轨抗拉强度基本在 680～780 MPa 间，主要生产的钢轨牌号有 U74、U71Mn。U74 钢轨的抗拉强度达到了 780 MPa 级，U71Mn 钢轨在 U74 的基础上降低碳含量，增加锰含量，标准规定为 880 MPa 级，实际抗拉强度 930 MPa 以上。这些含碳量低的钢轨生产方便、韧塑性好、焊接性能优良、不易断裂，且成本较低，但是由于强度等级较低，耐磨性能较差，可用在运量不大、耐磨性能无须很高的铁路线路上。

2. 合金钢轨

合金钢轨是在铁中加入适量的合金元素如钒、钛、铬、钼之后，冶炼轧制而成的钢轨，这种钢轨的强度和韧性要高于碳素轨。我国生产的合金轨一般为微合金轨和低合金轨。在钢中加入合金元素硫、锰、铬、钼、钒等，能起到固溶强化和细化珠光体组织作用以提高强度，这就是所谓的合金化强化。在碳素钢中加入铬可提高钢的强度、硬度、耐磨性、淬透性和耐腐蚀性；加入钒可提高钢的强度、耐磨性和淬透性，改善钢的塑性和韧性；加入钛可细化钢的晶粒，提高强度，改善韧性；加入稀土可细化有害非金属杂质的粒径，改善钢的耐磨性和韧性。

合金化强化的缺点是在提高强度的同时，带来韧塑性的损失，恶化了焊接性能。因此，强度等级为 1 180 MPa 的珠光体型合金钢轨由于断裂韧性低，残余应力大，该等级的合金轨在国外已基本上不再生产和使用，国外在小半径曲线上作为耐磨轨使用较多的为 1 080 MPa 等级的合金轨，这样的合金轨焊后要采取缓冷措施，以保证焊接接头不出现有害的马氏体组织。

（二）钢轨牌号命名

第一个字母 U，代表钢轨（“轨”字汉语拼音 GUI 的第二个字母），后面的数字代表此轨种的平均含碳量，再后面的字母代表合金化的元素，如 U75V 代表平均含碳量为 0.75%、采用钒合金化的钢轨。

（三）常见钢轨种类

1. U71Mn 钢轨

U71Mn 钢轨为我国至今使用时间最长的碳素钢轨，钢中含碳量相对较低，采用锰元素提高钢轨强度，有较好的韧性、塑性和可焊性。缺点是钢中的锰元素容易引起微观偏析，重新加热后在锰偏析部位出现高碳马氏体组织，焊接工艺不易稳定。

2. U71MnG 钢轨

为适应不同运输条件，在优化 U71Mn 钢轨化学成分基础上，减少了钢中碳含量，调整锰含量，降低有害元素硫、磷含量等，形成了高速铁路用 U71MnG 和高原铁路用低碳 U71Mn 钢轨一系列新轨种。U71MnG 钢轨（G 代表高速铁路，2011 年前称为 U71Mnk）专用于高速铁路，其化学成分与欧洲高速铁路使用的 UIC 900A（欧洲标准为 EN 260 或 EN R260）相近。高原铁路用低碳 U71Mn 钢轨为特殊轨种，未大面积运用。

3. U75V（原 PD_3）钢轨

U75V 为 20 世纪 90 年代研制开发的微合金钢轨，在《43 kg/m～75 kg/m 热轧钢轨订货技术条件》（TB/T 2344—2003）颁布之前，称之为 PD_3，即攀钢第三代钢轨，纳入铁道行业标准后，按规定改为 U75V，是在 U71Mn 钢轨的基础上，增加了碳、硅含量，添加了微合金元素钒，热轧后其强度达到 980 MPa 级，在我国铁路繁忙干线上广泛使用。1998 年以前，现场使用反映，U75V 钢轨比 U71Mn 耐磨，但焊接较为困难，韧、塑性不足，脆性较大，断轨现象时有发生。为此，1998 年调整了该钢轨的化学成分（降低了钢中的碳、硅、钒等含量），结果韧、塑性提高，焊接性改善，但耐磨性降低。U75V 钢轨已经成为我国普速铁路广泛使用的主要钢轨，但在小半径曲线上使用时，其耐磨性不及热处理钢轨，在抵抗滚动接触疲劳伤损方面不及 U71Mn 钢轨。改型轨未在高速铁路上使用。

4. U75VG 钢轨

U75VG 钢轨是为了优化性能，在 U75V 钢轨的基础上，减少含碳量的波动范围及钢中有害元素磷、硫等含量而研发的，对断后伸长率 A 等指标提出了更高要求。

5. U77MnCr 钢轨

U77MnCr 钢轨为高强耐磨钢轨；采用铬合金化，钢中含铬 0.25%～0.40%，热轧钢轨强度大于等于 980 MPa，断后伸长率大于等于 9%。热处理后轨头顶面硬度大于等于 370 HB，抗拉强度大于等于 1 280 MPa，断后伸长率大于等于 10%，焊接性能良好。U77MnCr 钢轨经大秦等重载铁路使用，综合性能较好。

6. U78CrV（原 PG_4）钢轨

U78CrV 钢轨为高强耐磨钢轨；采用铬、钒合金化，钢中含铬 0.30%～0.50%，含钒 0.08%～0.12%，热轧钢轨强度为 1 080 MPa，断后伸长率大于等于 9%，热处理后轨头顶面硬度大于等于 370 HB，抗拉强度大于等于 1 300 MPa。U78CrV 钢轨含有较高的铬、钒合金，抗擦伤能力较差，容易在擦伤部位形成脆性很大的高碳马氏体组织。一般热处理后使用在大秦线等重载铁路上，直线上也用热轧轨。

7. 贝氏体钢轨

为了满足重载铁路耐磨耗、抗疲劳和剥离的需要，国内开展了贝氏体钢轨研发工作，贝氏体为中温转变组织，发生转变的温度介于珠光体和马氏体之间，通过合金化，在轧制后很宽的冷速条件下可获得主要为贝氏体组织的钢，称为贝氏体钢。不同合金配方和经过不同热处理的贝氏体钢，其性能差异很大。

在用的贝氏体钢轨主要有两个轨种，分别为 U20Mn2SiCrNiMo 牌号贝氏体轨和 AB1 牌号贝氏体轨。

8. U76CrRE 钢轨

U76CrRE 钢轨为高强耐磨钢轨；采用铬合金化并进行稀土处理，钢中含铬 0.25%～0.35%，稀土加入量约 0.020%，热轧钢轨强度为 1 080 MPa，断后伸长率大于等于 9%。

铁路钢轨化学成分（熔炼分析）见表 1-1。

表 1-1 铁路钢轨化学成分（熔炼分析）

<table>
<tr><th rowspan="2">牌 号</th><th colspan="10">化学成分（%）</th></tr>
<tr><th>C</th><th>Si</th><th>Mn</th><th>P</th><th>S</th><th>V</th><th>Al</th><th>Cr</th><th>Mo</th><th>Ni</th></tr>
<tr><td>U71Mn</td><td>0.65～0.76</td><td>0.15～0.58</td><td>0.70～1.20</td><td>≤0.030</td><td rowspan="7">≤0.025</td><td>—</td><td rowspan="7">≤0.01</td><td>—</td><td rowspan="7">≤0.02</td><td rowspan="7">≤0.1</td></tr>
<tr><td>U71MnG</td><td>0.65～0.75</td><td>0.15～0.58</td><td>0.70～1.20</td><td>≤0.025</td><td>≤0.030</td><td>≤0.15</td></tr>
<tr><td>U75V</td><td>0.71～0.80</td><td>0.50～0.80</td><td>0.75～1.05</td><td>≤0.030</td><td>0.04～0.12</td><td>—</td></tr>
<tr><td>U75VG</td><td>0.71～0.80</td><td>0.50～0.70</td><td>0.75～1.05</td><td>≤0.025</td><td>0.04～0.08</td><td>≤0.15</td></tr>
<tr><td>U78CrV</td><td>0.72～0.82</td><td>0.50～0.80</td><td>0.70～1.05</td><td>≤0.025</td><td>0.04～0.12</td><td>0.30～0.50</td></tr>
<tr><td>U77MnCr</td><td>0.72～0.82</td><td>0.10～0.50</td><td>0.80～1.10</td><td>≤0.025</td><td>—</td><td>0.25～0.40</td></tr>
<tr><td>U76CrRE</td><td>0.71～0.81</td><td>0.50～0.80</td><td>0.80～1.10</td><td>≤0.025</td><td>0.04～0.08</td><td>0.25～0.35</td></tr>
</table>

续上表

牌　号	化学成分(%)									
	C	Si	Mn	P	S	V	Al	Cr	Mo	Ni
U20Mn2SiCrNiMo贝氏体	0.16～0.25	0.70～1.20	1.60～2.45	≤0.022	≤0.015	—	—	0.60～1.20	0.15～0.60	0.00～0.70
AB1贝氏体	0.10～0.40	0.80～2.00	0.80～3.30	≤0.025		—	—	0.20～1.00	0.10～0.80	—

四、钢轨的生产及标识

(一)钢轨断面形式及各部位尺寸

1. 钢轨断面形式

钢轨断面采用左右对称的工字形,从上往下分为轨头、轨腰和轨底三部分,各部位名称如图1-1所示。

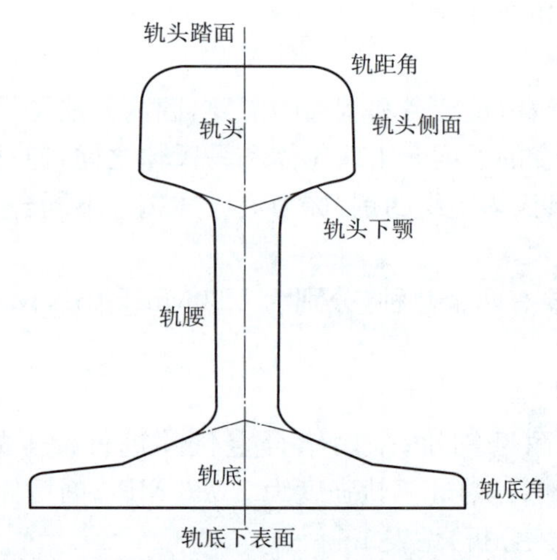

图1-1　钢轨断面及各部位名称

2. 钢轨各部位尺寸

钢轨各部位尺寸设计是根据使用要求而定,不同型号的钢轨,其各部位尺寸和螺栓孔位置各不相同(图1-2,表1-2)。

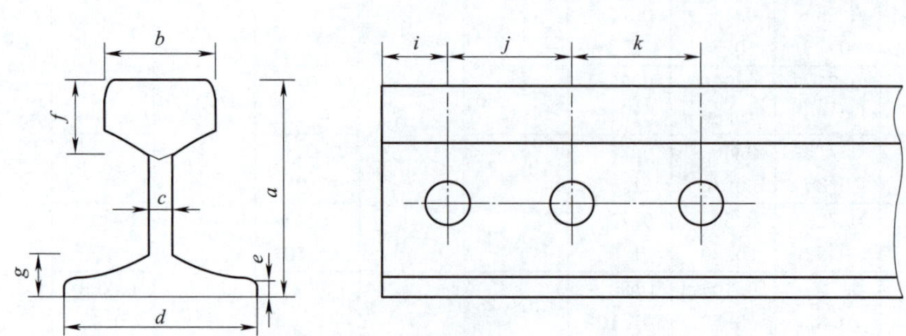

图1-2　钢轨截面和侧面示意

表 1-2　部分钢轨外形几何尺寸(mm)

部位名称	钢轨类型(kg/m)					
	38	43	45	50	60	75
钢轨高度 a	134	140	145	152	176	192
轨头宽度 b	68	70	67	70	73	75
轨腰厚度 c	13	14.5	14.5	15.5	16.5	20
轨底宽度 d	114	114	126	132	150	150
轨底边缘厚度 e	9	11	10	10.5	12	13.5
轨头内高 f	39	42	44	42	48.5	55.3
轨底内高 g	24	27	26	27	30.5	32.3
螺栓孔直径 h	29	29	29	31	31	31
轨端至 1 孔中心距 i	56	56	76	66	76	96
1 孔至 2 孔中心距 j	110	110	140	150	140	220
2 孔至 3 孔中心距 k	160	160	140	140	140	130

(二)钢轨标识及含义

钢轨出厂时应有制造厂标、钢轨类型、钢种符号、钢轨制造年月、熔炼号、品级号等标识，了解和掌握钢轨标识的含义，可为有针对性地进行钢轨探伤、判断伤损形成原因和发展方向提供依据。

国内钢轨生产厂家主要有攀钢集团有限公司(简称攀钢)、鞍山钢铁集团有限公司(简称鞍钢)、包头钢铁(集团)有限责任公司(简称包钢)、中国宝武钢铁集团有限公司(简称中国宝武)、邯郸钢铁集团有限责任公司(简称邯钢)。

1. 钢轨标识

为保证每根钢轨的标识唯一，具有可追溯性，适应钢轨全寿命管理的需要，钢轨标识进行了规范和统一。钢轨标识一般分为三种，分别为轧制标记、热压标识及轨端的黏性标签。前两种为钢轨母材终生印记，一种是辊轧凸字，字体凸出于轨腰表面；另一种为热轧凹字，字体凹陷在轨腰表面以下；第三种在进行钢轨的焊接前就被打磨掉了。

(1)轧制标记

钢轨的轧制标记在钢轨一侧的轨腰上，轧制出凸出标记。从左至右顺序依次为：生产厂标识(表 1-3)、钢轨轨型、钢轨牌号、制造年月。在每根钢轨一侧的轨腰上，每 4 m 左右间隔内轧制出清晰、凸起的标识，字符高 20～28 mm，凸起 0.5～1.5 mm，当钢轨为热处理轨时，在轨腰轧制凸起的 H 标识，如图 1-3 和图 1-4 所示。

表 1-3　各生产厂家钢轨标识

序　号	厂　　家	钢轨标识	序　　号	厂　　家	钢轨标识
1	攀　钢		4	武　钢	
2	鞍　钢		5	邯　钢	HBIS
3	包　钢				

图 1-3　攀钢轧制的热处理钢轨标识

图 1-4　包钢轧制的热处理钢轨标识

国内存在的进口钢轨厂标或代号见表 1-4。

表 1-4　进口钢轨生产厂家名称代号(辊轧凸字)

序　号	国　别	厂标或代号	序　号	国　别	厂标或代号
1	奥地利	DO	6	英　国	BRITISHSTEEL
2	日　本	NKK、NIPPON、Ⓢ(NSC)、NTEEL Ⓢ	7	澳大利亚	BHP
3	法　国	HY、MR(厂址在卢森堡)	8	津巴布韦	Ⓩ
4	卢森堡	MR	9	加拿大	SYDNEY
5	德　国	THYSSEN	10	西班牙	ENS

(2)热压标识

钢轨的热压印符号打印在轧制凸出标记的另一侧的轨腰中心部位,如图 1-5 所示。在每根钢轨的轨腰上,距轨端不小于 0.6 m、间隔不大于 15 m,采用热压印机(不允许冷压印)压印的字符具有平直或圆弧形表面,字符高 10～16 mm,深 0.5～1.5mm,宽 1～1.5 mm,由 13 位字母和数字组成,字母和数字与垂直方向成 10°角。热压标识从左至右含义和标准为

①第 1 位:表示钢厂识别符号,由 1 位英文大写符号组成,如 P 攀钢、A 鞍钢、B 包钢、W 中国宝武、H 邯钢。

②第 2～3 位:表示炼钢年份,由 2 位阿拉伯数字组成,如 09 表示 2009 年,10 表示 2010 年,依次类推。

③第 4～9 位:表示转炉流水号,由 6 位阿拉伯数字组成,由钢厂按自身规则编号。

图 1-5　钢轨的热压标识(B　14　901046 1 03 A)

④第 10 位：表示连铸流号，由 1 位阿拉伯数字组成。5 流连铸机为 1～5，6 流连铸机为 1～6。

⑤第 11～12 位：表示连铸坯号，由 2 位阿拉伯数字组成。

⑥第 13 位：表示钢轨顺序号，由 1 位英文大写字母组成，分别为 A、B、C、D。

(3)轨端标签

轨端标签是在钢轨一个端面头部贴上标签，标签中填写的内容包括型号、牌号、炉号、长度等，可以非常清楚地获得钢轨母材相关信息，如图 1-6 所示。

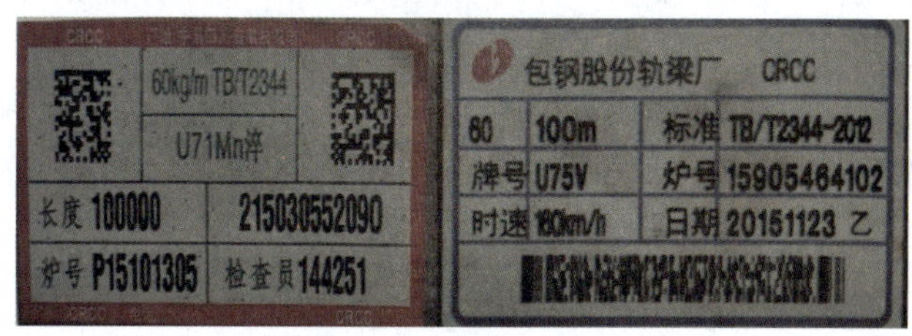

图 1-6　轨端标签

(三)钢种、炉种及生产时间代号含义

钢种、炉种及生产时间代号含义(辊轧凸字)见表 1-5。

表 1-5　钢种、炉种及生产时间代号含义(辊轧凸字)

内容	代　号	含　义	内容	代　号	含　义
钢种	U	中国钢轨钢	钢号	WP_1	武钢含铜碳素钢
	P	苏联钢轨钢		WP_2	武钢含铜高硅钢
炼钢炉种类	P	中国平炉		PD_1	攀钢残余钒钛钢
	D	中国顶吹转炉		PD_2	攀钢中锰全长淬火轨
	M	苏联平炉		PD_3	攀钢高碳微钒轨
	B	苏联转炉		U75、U78	平均含碳量 0.75%、0.78% 级别的进口钢轨钢
	OH	美国平炉			
	OA	美国转炉		AR	进口合金钢轨钢
	E	美国、津巴布韦电弧炉		CR	进口铬合金钢轨钢
钢号	AP_1、U71Mn	中国平均含碳量为 0.71%的中锰钢	生产时间	92Ⅺ	92—1992 年，Ⅺ—11 月
	P74、U74	中国平均含碳量为 0.74%的碳素钢		1992Ⅳ	1992—1992 年，Ⅳ—4 月

(四)钢轨生产流程

钢轨的传统生产工艺大致可分为三个部分，即冶炼、轧制和精整。以前钢轨采用平炉冶炼、模铸和孔型法轧制生产，无论是钢质的洁净性还是几何尺寸等均不够理想。

现代化钢轨生产一般采用精炼和连铸工艺进行，工艺流程为：生铁脱硫预处理→氧气顶吹转炉冶炼→除渣处理→LF 炉外精炼→真空脱气→连铸等。采用连铸生产不仅提高金属收得率和成材率，更重要的是提高了铸坯的质量。通过脱硫预处理、炉外精炼和真空脱气等先进设备和技术，使钢质洁净，从而使钢轨的质量比传统生产有大幅度的提高。钢轨的现代生产设备和工艺：转炉冶炼、连铸、万能轧机轧制、平立复合矫直、在线检测等，实现钢轨生产的“精炼”、

“精轧”、“精整”、“质量自动检测”和“长尺化”。钢轨的内在和外观质量均得到大幅度的提高，这也是生产高速铁路钢轨所必须的条件。

第二节 焊接知识

一、钢轨焊接方法

我国钢轨的焊接方法，按照焊接基本原理分为闪光焊、气压焊和铝热焊。按照焊接地点及焊接设备的不同，闪光焊可分为固定式闪光焊和移动式闪光焊；气压焊可分为气压焊轨车气压焊和小型气压焊；铝热焊根据焊剂生产国的不同，主要分为德国施密特钢轨铝热焊接技术(即德焊)、法国 QP 钢轨铝热焊接技术(即法焊)和国产焊接技术。另外，还有窄间隙电弧焊等方式。

1. 闪光焊

闪光焊(又称为接触焊)是电阻焊的一种，将两个待焊钢轨端固定在焊机夹具上，利用低电压大电流加在被焊钢轨上产生的电阻热，使轨端加热，当温度达到一定程度时，轨端的金属熔化形成液态金属层，然后立即断电并加压，在压力下两钢轨端面相互结晶，使两节钢轨焊接在一起，如图 1-7 所示。目前我国厂内焊接主要采用此方法把 25 m 或 100 m 长度的钢轨焊成 200～500 m 长的轨条。

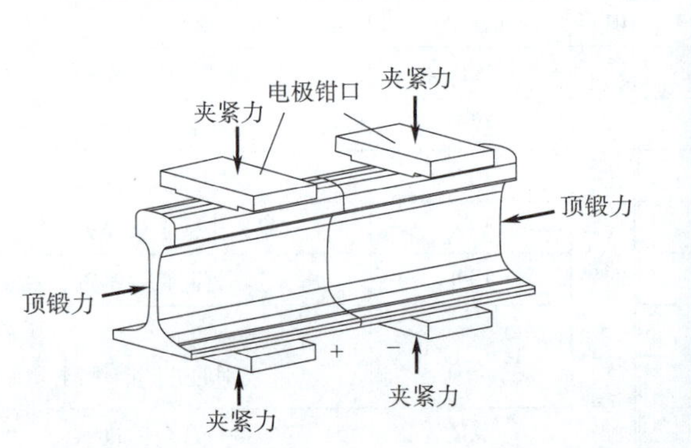

图 1-7 闪光焊示意图

根据电源形式的不同，闪光焊可细分为直流焊和交流焊；按照钢轨加热工艺的不同，闪光焊又分为连续闪光工艺、脉动闪光工艺和预热闪光工艺。

目前适合现场焊接的移动式接触焊机，不仅能够完成联合接头焊接、单元焊接，而且能够完成钢轨与道岔的闭合焊接。

2. 气压焊

气压焊接是将清洁的端面施加一定的预顶力，使其紧密贴合。用气体火焰加热端面周围，使其达到塑性状态，待金属原子具有了足够的活化能，能够穿过贴合面互相扩散时，即对贴合面加压顶锻，使得焊接表面之间的距离缩短，达到分子之间的金属键连接，从而完成焊接。在顶锻压力作用下使加热后的钢轨端头产生塑性变形、再结晶和扩散等作用形成接头，焊接过程中没有其他焊接材料加入，完全是钢轨材质的金属原子间接近、结合而形成金属键，使钢轨金属连为一体，这种塑性压力焊接的接头性能与母材性能接近，其抗拉强度可达钢轨母材标准的90%以上，断后伸长率是母材的80%以上，正火后焊缝冲击韧性与钢轨母材基本一致。

气压焊分为熔化气压焊和塑性气压焊两种，国内绝大多数采用塑性气压焊。塑性气压焊焊接时，将钢轨两清洁端面紧密贴合，并对贴面使用专用焊炬产生气体火焰加热，待贴合面及附近被加热至塑性状态，即对贴合面加以顶锻，在压力作用下固溶体中的原子之间进行扩散再结晶，两金属面间形成新的结晶，使两根钢轨焊接在一起，如图1-8所示。

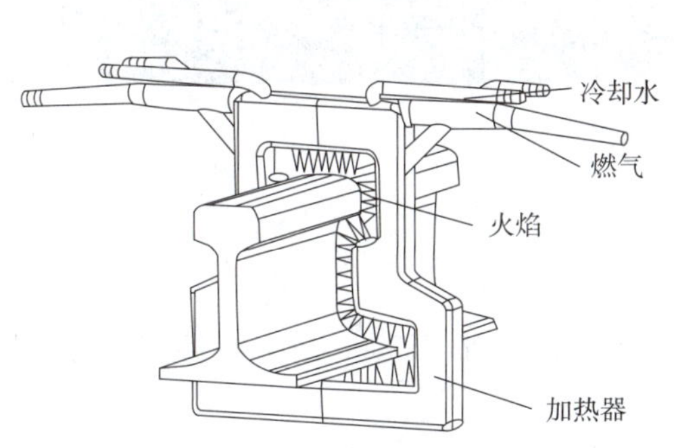

图1-8　气压焊示意图

3. 铝热焊

铝热焊又称铸焊法，是将铝粉、氧化铁粉、铁钉屑和铁合金等按一定比例配成铝热焊剂，用高温火柴或安全点火装置点燃后，发生激烈的化学反应和冶金反应，使其瞬间温度达到1 200 ℃～1 300 ℃，钢水下沉，氧化铝以渣的形态浮于溶化金属上面，然后把钢水注入套在对接钢轨上预热好的砂模铸型内，与预热温度达900 ℃以上的钢轨端部熔合，高温钢水将铸型内的两节钢轨端部熔化，冷却后把两节钢轨焊接在一起。铝热焊法主要用于无缝线路铺设、小范围更换钢轨以及钢轨折断抢修，如图1-9所示。

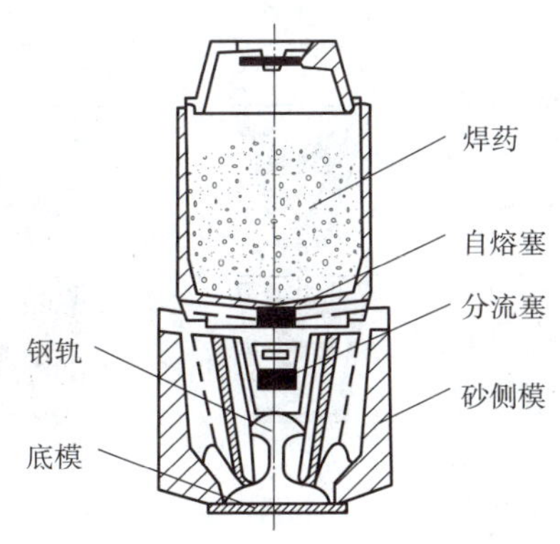

图1-9　铝热焊示意图

4. 窄间隙电弧焊

窄间隙电弧焊是在端部留14～18 mm的间隙，轨底衬上模具，用模具围住轨腰和轨头两侧，采用连续焊接的方法焊接轨腰和轨头，焊接过程不进行除渣，熔渣从模具的缝隙中排出，如图1-10所示。

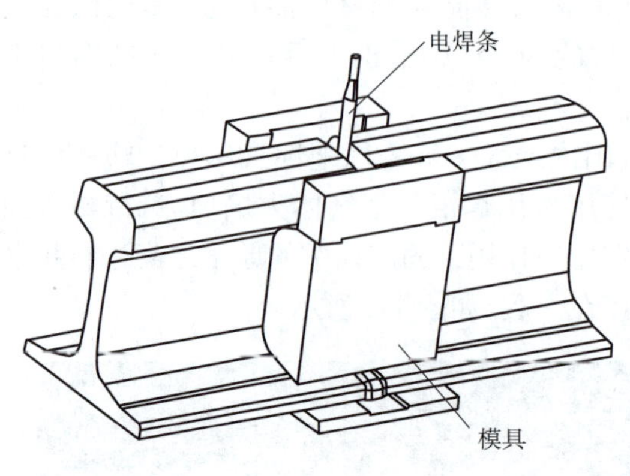

图 1-10 窄间隙电弧焊示意图

二、铝热焊化学反应原理

铝热焊是应用铝和氧化铁发生化学反应置换出铁的原理而形成的一种钢轨焊接技术，其化学反应式为

$$Fe_2O_3+2Al \rightarrow 2Fe+Al_2O_3+850\ kJ$$

这一反应式说明，铝能与氧化铁发生氧化还原反应（即铝热反应），并伴随产生大量的热能，在无须外部能源的情况下，就可以生成熔化的高温铁水。这些高温铁水可以将添加在铝热焊剂中并已混合均匀的合金元素完全熔化在一起，形成特定化学成分的钢水。如果将钢水浇铸于固定在两根钢轨接缝处的砂型内，即可将两根钢轨焊铸在一起，最后形成与钢轨化学、冶金和机械性能等方面相匹配的焊接接头。这种熔铸式的钢轨焊接方式，焊缝整体性能好，焊接速度快，而操作并不复杂。

三、铝热焊操作原理

先将铝热焊剂投放到一个耐高温坩埚中，然后将点燃的高温火柴插入铝热焊剂中，铝热焊剂随即开始铝热反应。反应过程中，氧化铁在高温下被还原形成铁水并熔化其他添加元素后形成特定化学成分的钢水，铝被氧化并与其他氧化物一起形成熔渣。钢水由于比重大而沉于坩埚底部，溶渣比重小而浮于钢水上部。反应结束后，经过短暂镇静，熔渣上浮并与钢水完全分层，坩埚底部特别设计的自熔塞自动熔开，高温钢水被释放到连接两根钢轨的耐高温砂型中，从而将它们焊接在一起，如图 1-11 所示。耐高温砂型带有钢轨的几何形状特征，使焊接好的接头几何形状与钢轨基本一致。在焊缝冷却下来后，如果采用适当的热处理，还可以进一步提高其机械特性。

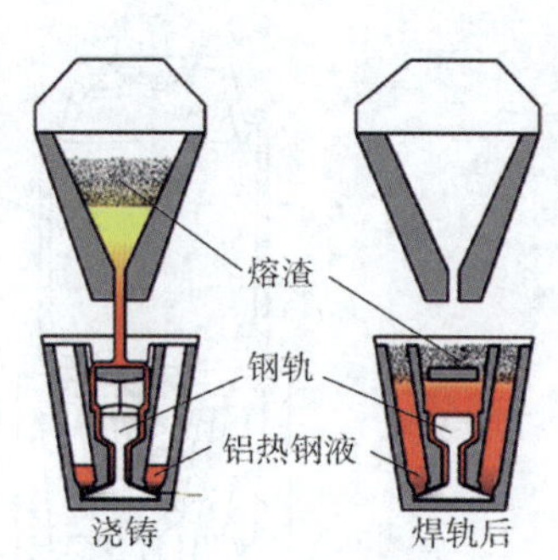

图 1-11 铝热焊操作原理

四、铝热焊接技术要求

《钢轨焊接》（TB/T 1632）分为四个部分：

——第 1 部分：通用技术条件；

——第 2 部分：闪光焊接；

——第 3 部分：铝热焊接；

——第 4 部分：气压焊接。

《钢轨焊接 第 1 部分：通用技术条件》(TB/T 1632.1—2014)规定了铁路钢轨焊接的术语和定义、焊接用钢轨要求、焊接接头探伤要求、焊接接头平直度和表面质量要求；焊接接头平直度和表面质量检验方法，探伤检验方法，落锤、静弯、疲劳、拉伸、冲击试验方法。适用于闪光焊接、铝热焊接、气压焊接等方法焊接 50～75 kg/m 新制钢轨。

《钢轨焊接 第 3 部分：铝热焊接》(TB/T 1632.3—2019)规定了钢轨铝热焊接的术语和定义，要求，检验方法和检验规则。适用于 50～75 kg/m 钢轨的铝热焊接。

(一)术语和定义

1. 通用部分

(1)固定式闪光焊接(固定式接触焊)

用闪光焊机在基地或车间焊轨作业线的焊接工位焊接钢轨，焊接电源由电力网经配电变压器供电。

(2)移动式闪光焊接(移动式接触焊)

用闪光焊机在工地焊接钢轨，焊机及其配套设备的电源由独立的车载式发电机组供电。

(3)气压焊接

用气体火焰加热钢轨，在压力作用下获得牢固接头的焊接方法。

(4)铝热焊接

以氧化铁为氧化剂，以铝粉为还原剂的一种热剂焊。

(5)焊接接头

用焊接方法连接的钢轨对接接头。焊接接头包括焊缝和热影响区。

(6)推凸

用与钢轨横截面外形轮廓相同的刀具沿着钢轨表面纵向推进，切除焊接凸出部分。

(7)电极灼伤

钢轨与焊机电极因接触不良产生的伤损现象。

(8)打磨灼伤

砂轮打磨钢轨表面产生的伤损现象。

(9)灰斑

存在于闪光焊焊缝断口中的局部光滑区域，与周边金属有明显界限。

(10)光斑

存在于气压焊焊缝断口中的局部光滑区域，与周边金属有明显界限，是面积型缺陷。

注：光斑又称为白斑。

(11)过烧

存在于焊缝或热影响区，晶粒边界熔化，是体积型缺陷。轻度过烧呈细小黑灰斑点，重度过烧呈黑色蜂窝状。

(12)未焊合

母材与母材之间未能完全焊接结合的部分。

(13)接头错边

焊接时两根钢轨由于没有对正,使焊缝两侧钢轨表面之间出现的平行偏差。

(14)软化区

热影响区硬度值低于未受热影响的钢轨母材硬度平均值的区域。

2. 铝热焊接部分

(1)钢轨铝热焊剂

主要由铝粉和氧化铁按一定配比组成的一定重量、可以进行铝热反应的钢轨焊接用粉剂。

(2)砂模

由耐火材料制成,固定在待焊钢轨轨缝周围,与轨缝一起组成空腔,成为钢液浇注的型腔。

(3)坩埚

由耐火材料制成,用于铝热焊剂反应和自动浇注的容器。

(4)咬边

一种沿焊缝边缘产生的沟槽或凹陷状焊接缺欠。

(5)溢流飞边

钢液流入砂模和钢轨之间的间隙,产生的紧贴钢轨表面与焊缝金属相连的薄边。

(6)铝热焊剂反应平静时间

从铝热焊剂反应结束到反应生成的钢液从坩埚中开始流出所经历的时间。

(7)铝热焊剂反应总时间

从点燃铝热焊剂开始,到反应生成的钢液从坩埚中开始流出所经历的时间。

(二)焊接接头探伤要求

1. 探伤人员资质要求

探伤人员应具有铁道行业无损检测的Ⅱ级或以上级别的技术资格,并通过钢轨焊接接头探伤技术培训。

2. 超声波探伤要求

(1)钢轨焊接后均应对焊接接头进行超声波探伤,并填写探伤记录。记录应包括探伤人员、探伤日期、仪器、探头、焊接接头编号、测试数据、探伤结果及处理意见。

(2)新焊接头探伤在推凸、打磨和热处理以后进行,接头温度应冷却至 40 ℃以下或自然轨温。

(3)扫查前检查探测面表面状态,应无锈蚀和焊渣,打磨面应平顺、光滑,打磨范围应能满足探伤扫查的需要。铝热焊接头焊筋部位的飞边和冒口根部的残留毛刺应清理干净。

(4)超声波探伤仪及探头要求见《钢轨焊接　第 1 部分:通用技术条件》(TB/T 1632.1—2014)附录 A 的 A.1。铝热焊焊接接头探伤用探头回波频率大于或等于 2.5 MHz,闪光焊、气压焊焊接接头探伤用探头回波频率大于或等于 4 MHz。

(5)擦伤前应对探测系统校准,试块及探伤灵敏度校准见《钢轨焊接　第 1 部分:通用技术条件》(TB/T 1632.1—2014)附录 A 的 A.2 和 A.5。

(6)应采用双探头和单探头两种方法对焊接接头进行扫查,扫查方法见《钢轨焊接　第 1 部分:通用技术条件》(TB/T 1632.1—2014)附录 A 的 A.4。宜采用焊接接头专用探伤仪及扫查装置[见《钢轨焊接 第1部分:通用技术条件》(TB/T 1632.1—2014)附录A的A.3],实现动态波形的存储和回放。

(7)探伤时,可在探伤灵敏度的基础上再提高4～6 dB进行扫查。

(8)0°探头探伤铝热焊焊接接头时底波比正常焊接接头底波低16 dB及以上或焊接接头存在如下缺陷时,焊接接头判废:

①双探头探伤:

轨底角部位(20 mm): ≥ϕ3—6 dB平底孔当量

其他部位: ≥ϕ3平底孔当量

②横波单探头探伤:

轨头和轨腰: ≥ϕ3长横孔当量

轨底: ≥ϕ4竖孔当量

轨底角(20 mm): ≥ϕ4—6 dB竖孔当量

③铝热焊0°探头探伤: ≥ϕ5长横孔当量

④焊接接头中存在平面状缺陷。

⑤缺陷当量比①、②、③规定的缺陷低3 dB或以内,但延伸长度大于6 mm。

(9)超声波探伤的其他要求见《钢轨焊接 第1部分:通用技术条件》(TB/T 1632.1—2014)附录A。

3. 表面探伤要求

宜采用磁粉、渗透、涡流等表面探伤方法,检测接头表面裂纹类伤损。

(三)铝热焊接要求

1. 焊接用钢轨要求

用于铝热焊接的钢轨应符合《钢轨焊接 第1部分:通用技术条件》(TB/T 1632.1)的规定。

2. 人员要求

焊接作业人员应经过培训,持证上岗。

3. 工艺要求

(1)铝热焊接工艺应按生产商提供的工艺手册执行。生产商应在工艺手册中详细列明所需设备、消耗性材料及详细的操作方法,还应包括下列内容:

①主要操作人员人数;

②焊接设备使用说明;

③不同牌号、型号的钢轨所对应的焊剂;

④钢轨端头的准备及轨缝大小;

⑤详细的预热参数;

⑥从点燃焊剂到钢水浇铸的时间范围;

⑦允许列车通过时焊接接头的温度;

⑧对焊接环境的要求(如温度、湿度、风力等);

⑨焊剂和砂模存放的要求及保质期;

⑩安全事项。

(2)钢轨铝热焊的基本工艺应包括:

①轨缝确认;

②轨端除锈;

③钢轨对正;

④封箱;

⑤预热;

⑥浇注;

⑦拆模和推瘤;

⑧粗打磨;

⑨精打磨和外观检查。

(3)施焊场所应备有防雨设施。当钢轨潮湿时,应对距待焊钢轨端面不小于 400 mm 范围内进行烘烤干燥;轨温低于 10 ℃时,应对距待焊钢轨端面不小于 400 mm 范围内进行预热。

(4)轨缝的调整不宜出现轨底处间隙大于轨头处间隙的情况,钢轨端面斜度偏差不应大于 1 mm。

(5)轨端除锈应去除距轨端 100 mm 范围钢轨表面的锈蚀和油污,踏面和工作面清理长度大于 500 mm。应将距轨端 50 mm 范围的热轧凸起标识打磨至与母材平齐。

(6)钢轨对正应有一定的起拱量,防止焊后出现低接头。对轨宜轨头、轨腰和轨底同时对正。

(7)封箱应采用专用封箱材料。砂模与钢轨廓形宜相匹配,当砂模与钢轨之间间隙较大时,应对砂模进行修磨,封箱材料不应塞入砂模与钢轨之间的间隙。

(8)预热应采用与焊接材料相匹配的专用预热器具和计量器具,预热温度宜为 700 ℃~1 000 ℃,预热宜使待焊钢轨整个端面温度均匀,不应烧化待焊钢轨和砂模。

(9)预热结束后应立即放置分流塞,安放坩埚并点火浇注。预热结束到点火时间不应超过 20 s。

(10)焊接过程中焊接的钢轨不应产生移动。

(11)应使用仿型打磨机对焊接接头的轨顶面及轨头侧面进行精打磨,不应使焊接接头或钢轨产生任何机械损伤或热损伤。采用新轨生产的焊接接头,精打磨的长度不应超过焊缝中心线两侧各 400 mm。

(12)应对每个钢轨焊接接头(成品)进行标识,标识应在距焊缝 1~3 m 位置。标识应清晰,端正,至少 5 年(或 1 个大修周期)内可以识别。标识方式应确保每个钢轨焊接接头(成品)能够依作业记录实现追溯。

(13)应记录每个焊接接头的焊接过程,记录应保留至少 1 个大修周期。

(四)铝热焊接质量要求

1. 钢轨焊接接头

(1)钢轨焊接接头的质量要求

①钢轨焊接接头的质量要求见表 1-6。

表 1-6　钢轨焊接接头质量要求

<table>
<tr><td rowspan="2">序号</td><td rowspan="2" colspan="2">项　　目</td><td colspan="3">要　　求</td></tr>
<tr><td>50 kg/m 钢轨</td><td>60 kg/m 钢轨</td><td>75 kg/m 钢轨</td></tr>
<tr><td rowspan="2">1</td><td rowspan="2">外观</td><td>平直度</td><td colspan="3">按 TB/T 1632.1 的规定</td></tr>
<tr><td>表面质量</td><td colspan="3">按 TB/T 1632.1 的规定和 TB/T 1632.3 的 4.4.1.2、4.4.1.3</td></tr>
<tr><td>2</td><td colspan="2">探　伤</td><td colspan="3">按 TB/T 1632.1 的规定</td></tr>
<tr><td rowspan="2">3</td><td rowspan="2">静弯</td><td>轨头受压</td><td>$F \geqslant 900$ kN
$f_{max} \geqslant 10$ mm</td><td>880 MPa 级钢轨：
$F \geqslant 1\ 200$ kN，$f_{max} \geqslant 10$ mm
980 MPa 级钢轨：
$F \geqslant 1\ 300$ kN，$f_{max} \geqslant 10$ mm</td><td>880 MPa 级钢轨：
$F \geqslant 1\ 500$ kN，$f_{max} \geqslant 10$ mm
980 MPa 级钢轨：
$F \geqslant 1\ 600$ kN，$f_{max} \geqslant 10$ mm</td></tr>
<tr><td>轨头受拉</td><td>$F \geqslant 700$ kN
$f_{max} \geqslant 10$ mm</td><td>880 MPa 级钢轨：
$F \geqslant 1\ 100$ kN，$f_{max} \geqslant 10$ mm
980 MPa 级钢轨：
$F \geqslant 1\ 200$ kN，$f_{max} \geqslant 10$ mm</td><td>880 MPa 级钢轨：
$F \geqslant 1\ 400$ kN，$f_{max} \geqslant 10$ mm
980 MPa 级钢轨：
$F \geqslant 1\ 500$ kN，$f_{max} \geqslant 10$ mm</td></tr>
<tr><td rowspan="2">4</td><td rowspan="2" colspan="2">疲　劳</td><td>$F_{min}=50$ kN，
$F_{max}=250$ kN</td><td>$F_{min}=70$ kN，$F_{max}=350$ kN</td><td>$F_{min}=90$ kN，$F_{max}=450$ kN</td></tr>
<tr><td colspan="3">支距：1.0 m；载荷循环次数：2×10^6，不断</td></tr>
<tr><td>5</td><td colspan="2">拉伸性能[a]</td><td colspan="3">880 MPa 级钢轨：$R_m \geqslant 710$ MPa；980 MPa 级钢轨：$R_m \geqslant 780$ MPa</td></tr>
<tr><td rowspan="2">6</td><td rowspan="2">硬度</td><td>焊缝硬度</td><td colspan="3">热轧钢轨：$H_P \pm 20$(HBW10/3 000)；热处理钢轨：$H_P-40 \sim H_P+20$(HBW10/3 000)</td></tr>
<tr><td>软化区宽度</td><td colspan="3">热轧钢轨：$W \leqslant 20$ mm；热处理钢轨：$W \leqslant 30$ mm</td></tr>
<tr><td>7</td><td colspan="2">显微组织</td><td colspan="3">焊缝、热影响区不应出现马氏体及魏氏组织等。贝氏体型焊剂：焊缝显微组织应为贝氏体加少量铁素体；珠光体型焊剂：焊缝显微组织应为珠光体加少量铁素体</td></tr>
<tr><td>8</td><td colspan="2">断　口</td><td colspan="3">不应出现疏松、缩孔或由焊接引起的裂纹等缺陷。可出现少量气孔、夹渣或夹砂等缺陷，其尺寸及数量如下：最大尺寸 2 mm 时，允许数量 1 个；最大尺寸 1 mm 时，允许数量 2 个</td></tr>
</table>

注：F——静弯载荷；f_{max}——静弯最大挠度；F_{max}——弯曲疲劳最大载荷；F_{min}——弯曲疲劳最小载荷；R_m——抗拉强度平均值；H_P——母材硬度平均值；W——软化区宽度。

[a] 热处理钢轨焊接接头的静弯、拉伸检验项目，按照相应牌号热轧钢轨焊接接头的要求执行。

②焊接接头平直度要求

焊接接头平直度要求见表 1-7。

表 1-7　钢轨焊接接头平直度要求(mm/m)

线路设计速度	铝热焊接头
$v \leqslant 160$ km/h	$0.1 \leqslant a_1 \leqslant 0.4$，$0 \leqslant b_1 \leqslant 0.3$ 或 $0 \leqslant b_2 \leqslant 0.3$
$v > 160$ km/h	$0.1 \leqslant a_1 \leqslant 0.3$，$0 \leqslant b_1 \leqslant 0.3$

注：(1)a_1、b_1、b_2，如图 1-12 所示。

(2)b_1取正值表示使轨距加宽。

③焊接接头表面质量要求

a. 焊接接头经外形精整后，以焊缝为中心的 1 m 范围内，轨顶面的表面不平度应满足：在任意 200 mm 区段内不大于 0.2 mm；设计速度 $v > 160$ km/h 时，在任意 100 mn 区段内不宜大于 0.1 mm。(母材表面未打磨区域的凹坑不作表面不平度要求。)

b. 焊接接头及其附近钢轨表面不应有裂纹、明显压痕、划伤、碰伤、电极灼伤、打磨灼伤等伤损。对母材的打磨深度宜小于 0.5 mm。

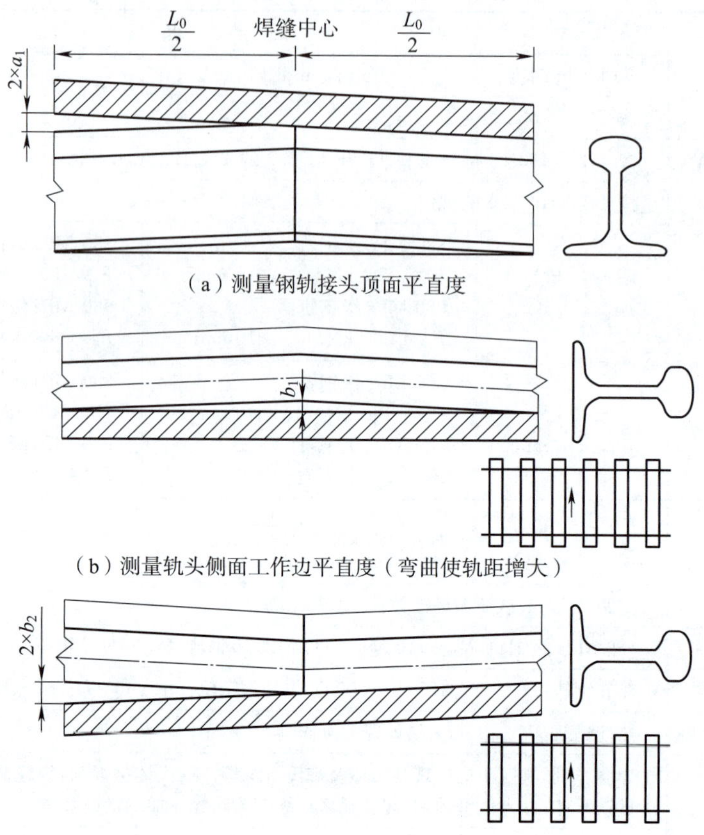

（a）测量钢轨接头顶面平直度

（b）测量轨头侧面工作边平直度（弯曲使轨距增大）

（c）测量轨头侧面工作边平直度（弯曲使轨距减小）

图 1-12　测量平直度方法示意图

(2)经打磨后的焊接接头轨头部位应满足：

①不应出现裂纹；

②可出现 1 个最大尺寸为 1 mm 的气孔；

③不应出现咬边；

④非工作面应打磨平顺；

⑤在轨头下颚与焊筋边缘交界处半径为 2 mm 的区域内(图 1-13)，可出现 1 个最大尺寸为 1 mm 的气孔、夹渣或夹砂。

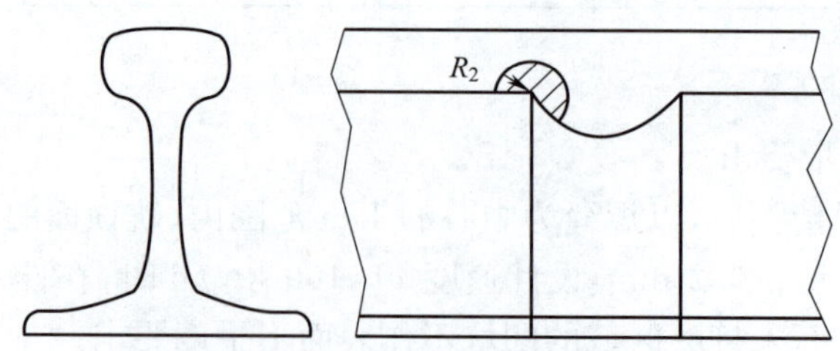

图 1-13　允许出现缺陷区域(单位：mm)

(3)焊接接头焊筋表面应满足：

①最多可出现 3 个最大尺寸不超过 2 mm 的气孔；

②焊筋表面夹渣或夹砂等缺陷的最大尺寸应符合表 1-8 的规定，这些缺陷不应侵入钢轨的横断面内；

③不应出现裂纹；

④不应存留溢流飞边。

表 1-8 焊筋表面夹渣或夹砂等缺陷的尺寸

缺陷面积(mm^2)	缺陷深度(mm)
≤10	≤3
≤15	≤2
≤20	≤1

2. 钢轨铝热焊接材料

(1)铝热焊剂应为松散的粒状或粉状，不应成团、结块。800 ℃以下不发生反应。反应平静时间应大于或等于 5 s，反应总时间应小于或等于 35 s。

(2)U71Mn，U71MnG，U75V 和 U75VG 钢轨铝热焊接时，铝热焊剂反应生成钢液的化学成分见表 1-9；其他材质钢轨铝热焊接时，铝热焊剂反应生成钢液凝固后的化学成分可由供需双方协商确定。

表 1-9 铝热焊剂反应生成钢液凝固后的化学成分

元　素	C	Mn	Si	S	P	Al
化学成分(质量分数，%)	0.50～0.80	0.50～1.40	≤1.20	≤0.030	≤0.035	0.02～0.60

(3)以铝热焊接材料生产厂家提供的该批次检验单的成分数据为标准值，该批焊剂反应生成钢液的实测化学成分偏差应在表 1-10 的范围内。

表 1-10 铝热焊剂反应生成钢液凝固后的化学成分偏差范围

元　素	C	Mn	Si	Al
化学成分偏差范围(质量分数，%)	±0.12	±0.20	±0.25	±0.20

(4)砂模应表面光洁，应无导致砂粒脱落的凸出或凹坑。砂模应具有适当的强度以适合于现场搬运和运输。砂模与对应标准钢轨在轨底、轨底上表面、轨腰部位和轨头下颚部位的间隙应小于或等于 1.0 mm。

(5)坩埚应具有铝热反应产生的钢液自动浇注功能，内表面应光洁，应无导致砂粒脱落的凸出或凹坑。当反应总时间大于 35 s 时，应有保证安全的防护措施。

(6)高温火柴持续燃烧时间应大于或等于 8 s。

(7)高温火柴与铝热焊剂应分别包装。

(8)包装应严密，洁净，防潮。外包装应有明显标识，标识供方厂名全称，产品名称，产品批号，适用钢轨型号和材质，生产日期等。焊接材料保质期不应少于 2 年。

(五)焊接接头平直度和表面质量检验方法

1. 平直度检验方法

(1)焊接接头平直度的测量位置分别在:轨顶面纵向中心线、轨头侧面工作边上距轨顶面 16 mm 处的纵向线;测量应以焊缝中心线两侧各 500 mm 位置的钢轨表面作为基准点,测量长度 1 m,焊缝居中。

(2)应使用非接触式传感器自动检测尺测量焊接接头平直度,其显示窗口直接显示平直度偏差。对自动检测尺的测量结果有异议时,可采用检测直尺和塞尺对接头进行测量确认。

(3)用检测直尺(L_0=1 m)测量平直度的方法示意如图 1-12 所示,检测直尺的直边测量误差应不大于 0.05 mm。

2. 表面质量检验方法

(1)肉眼检查表面缺陷。

(2)表面不平度检查分为以下两种方法:

①直尺方法:用直边经过校准的长度为 100 mm 和 200 mm 检测直尺与塞尺配合检查,在以焊缝为中心 1 m 范围内的轨顶面纵向中心线上测量,检测直尺与钢轨顶面之间的最大间隙为表面不平度。

②自动检测尺方法:利用平直度自动检测尺测量的轨顶面平直度图形,检测以焊缝为中心 1 m 范围内,在任意 200 mm 和 100 mm 区段内图形的高低点波动差为表面不平度。

第二章　施密特钢轨铝热焊接技术

第一节　概　　述

一百多年前，德国化学家汉斯·高德斯密特应用铝和氧化铁进行化学反应能生成铁的原理，发明了应用于钢轨接头焊接的铝热焊技术，成为世界铁路发展史上最重要的技术创新之一。

一、技术特点

(1)经济性：耗材少，费用低。

(2)实用性：耗时少，满足铁路封锁点施工要求。

(3)方便性：辅助机具轻便小型，劳动强度低，操作人员少。

(4)质量体系通过国际专业机构认证，质量保证有完善的可追溯性。

(5)自动浇注和最佳钢质纯净度，有效保证钢轨焊头品质。

(6)有效的熔合区、最小的热影响区以及稳定的焊后化学成分。

(7)绿色环保产品，不损害人体、不污染环境。

二、铝热焊剂选用原则

焊接不同材质的钢轨采用不同的铝热焊剂，特制的三片模砂型可满足钢轨截面、焊缝宽度以及采用特殊工艺的焊接要求。

(1)钢轨类型：60 kg/m。

(2)钢轨材质：U71Mn、U75V 以及 U78CrV(PG_4)等。

(3)焊剂的选用原则见表 2-1。

表 2-1　焊剂的选用原则

钢轨型号	焊剂规格	备　注
U71Mn 热轧/U71Mn 热轧或热处理	Z90	不同材质强度的钢轨相互焊接时，按材质强度低的钢轨选用焊剂。对于特殊型号的钢轨及热处理钢轨，按照其强度等级确定使用的焊剂规格
U71Mn 热轧/U75V 热轧或热处理	Z90	
U71Mn 热轧/U78CrV 热轧或热处理	Z90	
U71Mn 热处理/U71Mn 热处理	Z100	
U71Mn 热处理/U75V 热轧或热处理	Z100	
U71Mn 热处理/U78CrV 热轧或热处理	Z100	
U75V 热轧/U75V 热轧或热处理	Z100	
U75V 热轧/U78CrV 热轧或热处理	Z100	
U78CrV 热轧/U78CrV 热轧或热处理	Z100	

续上表

钢轨型号	焊剂规格	备　　注
U75V 热处理/U75V 热处理	Z120	不同材质强度的钢轨相互焊接时，按材质强度低的钢轨选用焊剂。对于特殊型号的钢轨及热处理钢轨，按照其强度等级确定使用的焊剂规格
U75V 热处理/U78CrV 热处理	Z120	
U78CrV 热处理/U78CrV 热处理	Z120	

三、铝热焊接耗材

焊接施工时，应携带一定量的焊接耗材备品，见表 2-2 和图 2-1。

表 2-2　铝热焊接耗材

序　号	名　　称	备　　注
1	焊　　剂	Z90、Z100、Z120
2	高温火柴或安启塞	特殊情况也可使用电子点火器
3	分 流 塞	
4	砂　　型	三 片 模
5	一次性坩埚	
6	封 箱 砂	干砂或湿砂
7	氧　　气	
8	丙烷(或乙炔)	在隧道或通风不良场所使用乙炔
9	锯轨机砂轮片	
10	打磨机砂轮片	
11	发电机用油等	

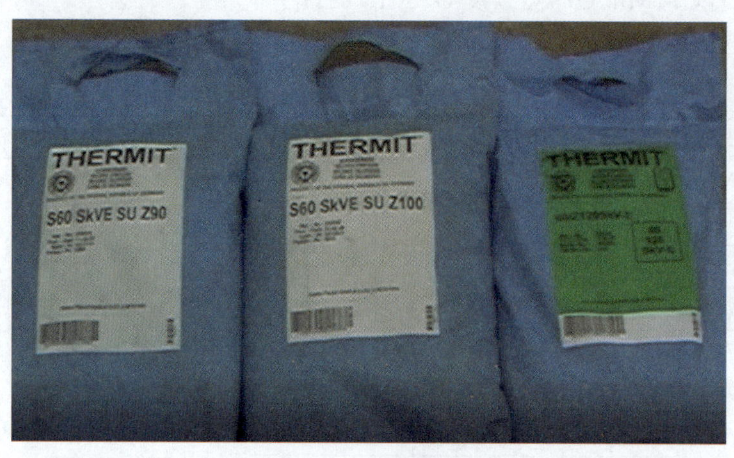

图 2-1　铝热焊剂

四、铝热焊工具及特性

1. 铝热焊工具

铝热焊常用工具有：预热枪总成、丙烷表总成、氧气表总成、三片模模板、预热枪支座、一次性坩埚、灰渣盘与坩埚盖、对轨架与棘轮扳手、捣实棒、火钳、撬棍、多用塞尺、1 m 钢直尺、钢楔子、弓形夹具等，如图 2-2 所示。

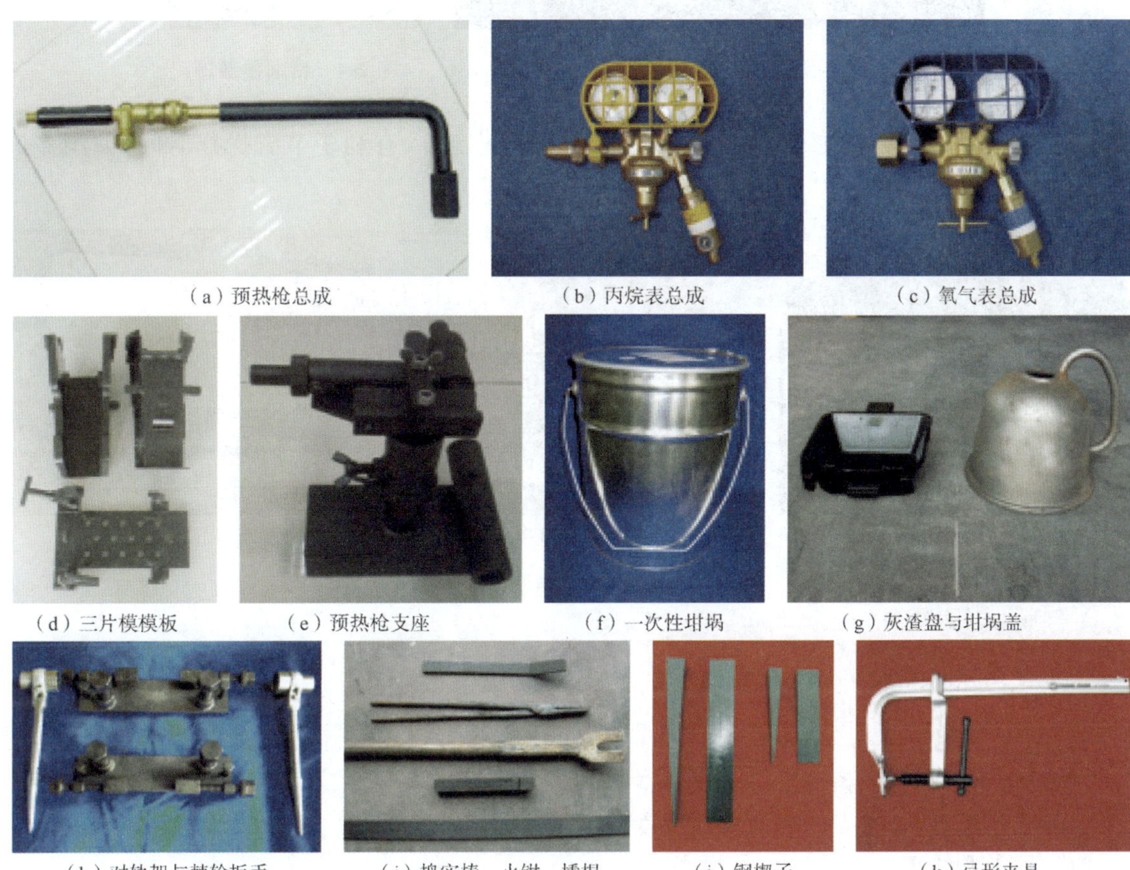

（a）预热枪总成　（b）丙烷表总成　（c）氧气表总成

（d）三片模模板　（e）预热枪支座　（f）一次性坩埚　（g）灰渣盘与坩埚盖

（h）对轨架与棘轮扳手　（i）捣实棒、火钳、撬棍、多用塞尺、1 m钢直尺　（j）钢楔子　（k）弓形夹具

图 2-2　铝热焊常用工具

2. 主要工具特性

（1）预热枪：用于钢轨端部和砂模预热。使用不同气源时必须使用不同型号的预热枪，用氧气/丙烷时，使用枪孔为 32 个的预热枪；用氧气/乙炔时，使用枪孔为 10 个的预热枪，如图 2-3 所示。

（2）预热枪支座：为预热枪提供固定位置，并可为预热枪提供左右前后调节的功能。

（3）弓形夹紧装置：可快速、均衡的夹紧砂型侧模板。

（4）坩埚盖：多次性坩埚盖有利于节约耗材成本，并且不会在运输、搬运过程中损坏。但在每次焊接后需要将其内部及端面清理干净，如图 2-4 所示。

图 2-3　预热枪

图 2-4　坩埚盖清理

（5）多用塞尺：用于轨缝尺寸、预热枪高度的快速定位，有利于节省操作时间，如图 2-5 所示。

（a）定位钢轨轨缝

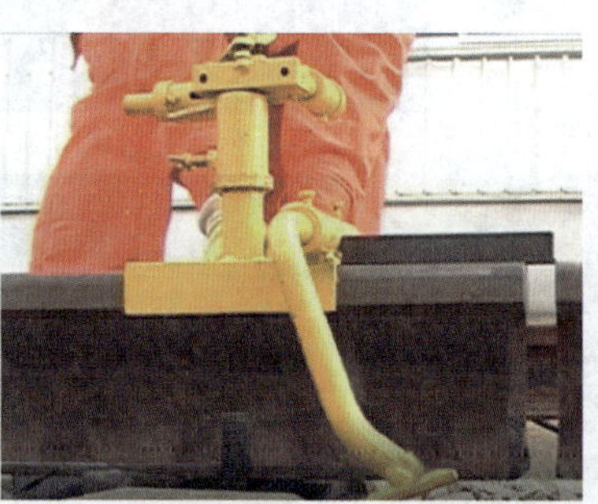

（b）为预热枪马鞍座定位

（c）定位预热枪高度

图 2-5　多用塞尺

五、使用技术要求

1. 产品使用条件

铝热焊可以在下列条件下施工操作：

（1）在弯道上，焊接点的两股钢轨高度差不超过 180 mm。

（2）线上和线下。

（3）厂房内。

（4）雨雪天有严密遮挡设施。

2. 铝热焊剂

（1）铝热焊剂为密封但非真空包装。

（2）铝热焊剂储存于干燥、无火源环境。

（3）包装上有标记，可以识别焊剂类别、规格、批次号和生产日期等。

3. 砂型

（1）砂型是预制好的，并和与之相匹配的待焊钢轨外形是相吻合的。

（2）砂型储存于干燥环境，搬运时轻拿轻放，防止受潮、破损和开裂。

（3）焊接时，砂型不可过早启封，避免在空气中因暴露时间过长而吸潮。

（4）包装纸箱有标记，可以识别砂型类别、型号、生产日期等。

4. 坩埚

(1)坩埚成型于马口铁桶内，有良好的防潮、防变形性能。

(2)坩埚储存于干燥环境，搬运时轻拿轻放，防止受潮、破损和开裂。

(3)坩埚底部的自熔塞必须保持完好状态，使用前应仔细检查。

(4)包装纸箱有标记，可以识别坩埚类别、生产日期等。

5. 预热系统

(1)预热参数仅适用于使用施密特公司提供的预热系统，而不适用于其他预热系统。

(2)冬季气温低时，可用适当方式对丙烷气瓶进行加热，以提高丙烷的气化速度和压力。

提示：加热并不能提高丙烷气的内在质量。

6. 操作人员

(1)铝热焊接施工时，操作人员至少两人。

(2)操作人员必须经培训合格，持证上岗。

第二节　焊接工艺

一、铝热焊接工艺流程

准备工作→轨端干燥→轨端除锈去污→对轨→夹具安装→砂型安装→封箱→预热→坩埚安装→点火→反应→拆模→推瘤→打磨。

二、铝热焊接工艺步骤

1. 准备工作

(1)预先了解待焊钢轨的轨型和材质，正确选择砂型和焊剂类型。

(2)出发前必须安排专人根据焊接清单清点全部施工物品，以免少带、漏带影响施工。

(3)对施工设备、燃气瓶等进行检查，确保使用时安全可靠，如图 2-6 所示。

(4)从焊缝两侧钢轨开始，每一侧松开 2～4 组扣件，如图 2-7 所示，然后至少将 50 m 范围内的钢轨扣件按规范锁紧，轨枕与钢轨端面的距离大于等于 100 mm，道砟与轨底的距离大于等于 100 mm，如图 2-8 所示，并在焊缝两侧各第一个锁紧扣件处的钢轨上划线做记号，如图 2-9 所示，以便观察钢轨是否移动，然后才可以进行铝热焊接。

图 2-6　燃气瓶检查

图 2-7　线路准备

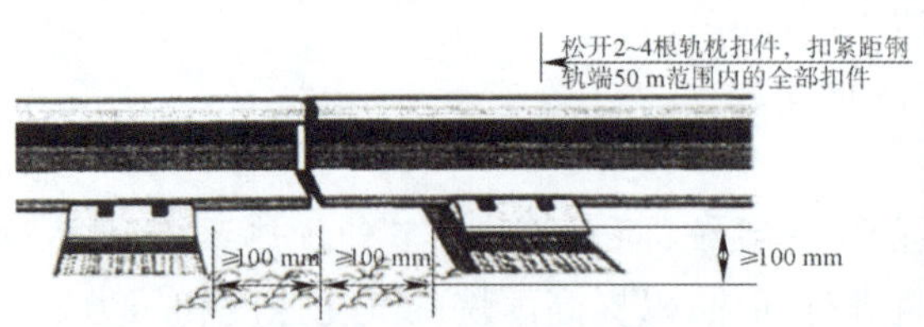

图 2-8　钢轨焊接工作空间准备

图 2-9　钢轨位移观测记号

提示：在焊接过程中，如果钢轨发生明显移动则会拉伤甚至拉裂焊缝，并可能引发高温钢水从砂型中外泄，导致焊接事故。

(5)气温急剧变化时必须用拉伸机锁定钢轨，然后进行焊接操作。

(6)焊接处有缺口、损伤、磨损严重以及端面不规则的钢轨必须切除后，才能进行焊接。钢轨锯口尺寸正确，应垂直、无偏斜、无蓝光；钢轨端头断面的垂直公差应不大于 1.0 mm，如图 2-10 所示。

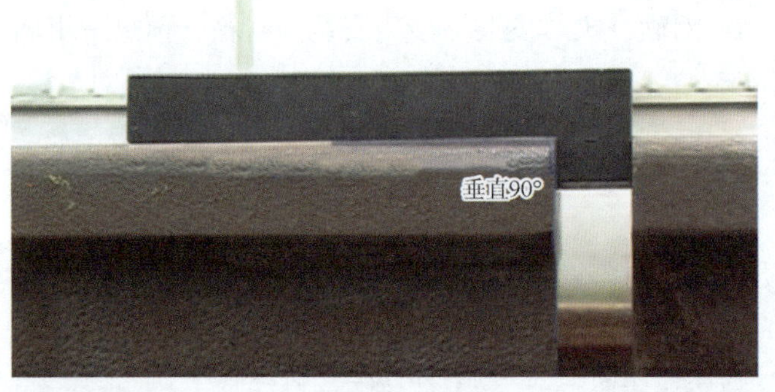

图 2-10　切割后的轨端与轨面垂直 90°

2. 轨端干燥

砂型安装前需用预热枪对焊缝两侧 0.5 m 范围内钢轨进行加热干燥，充分除去钢轨表面水分，如图 2-11 所示。

(a) 用预热枪干燥焊缝两侧

(b) 干燥后的轨端

图 2-11　轨端干燥

3. 轨端除锈去污

(1)在距轨端 100 mm 范围内,用角磨机安装钢丝轮对焊接钢轨的端面、轨头、轨腰和轨底角进行打磨清污除锈,随后用安装了砂轮的角磨机进行打磨,要特别注意将轨底打磨清洁干净,如图 2-12 所示。

(2)打磨完成后,轨头端部边缘需倒角 1 mm×45°,如图 2-13 所示。

图 2-12　轨端除锈去污

图 2-13　轨头端部边缘倒角

4. 对轨

(1)以轨底角处为基准,控制轨缝宽度为28 mm $^{+2}_{-1}$ mm,如图 2-14 所示。

(2)水平调整:用 1 m 钢直尺分别检查焊缝两端钢轨轨头顶面、轨头侧面及轨腰是否平直,如图 2-15 所示。如有偏差,用对轨架或者钢楔子进行调节,轨头侧面以行车面为基准进行调整。

图 2-14　轨缝宽度

图 2-15　水平调整

(3)尖点调整:将 1 m 钢直尺自由放置在轨顶,使其中点与焊缝中点相重合,用对轨架或者钢楔子对轨端高度进行调节,使直尺的两个端部与轨顶面之间的间隙(即尖点值)为 1.8～2.3 mm,如图 2-16 所示。

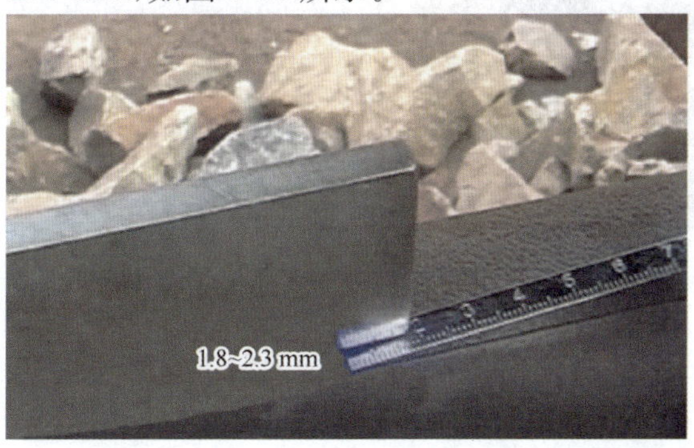

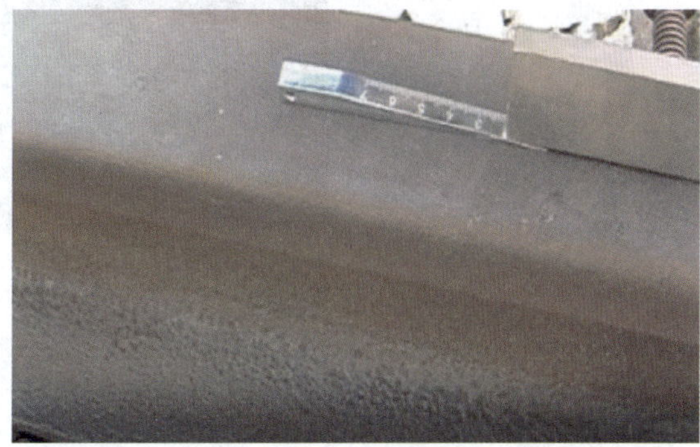

图 2-16　尖点调整

(4)砂模底板安装定位后必须进行二次对轨,如图 2-17 所示。

5. 砂型安装

(1)确认砂型无裂痕、无缺损、无受潮,否则不能使用。砂型由砂模底板、左右砂模和分流塞组成,如图 2-18 所示。

图 2-17　二次对轨

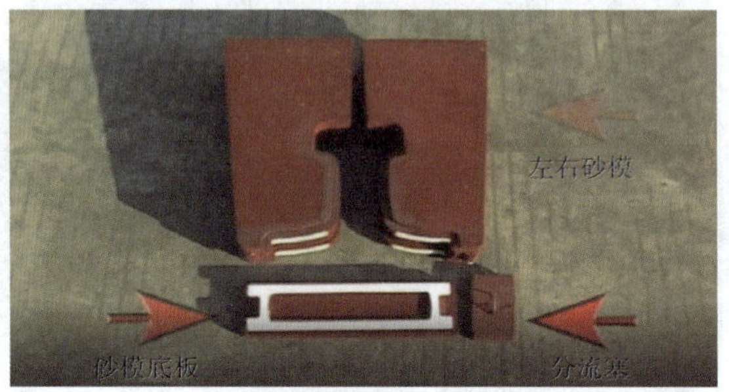

图 2-18　砂型组成

(2)砂型浇注孔略作修整,防止预热和浇注时砂粒脱落,造成焊接夹杂,如图 2-19 所示。

(3)安装砂型时,浇注孔要对准焊缝中心,并与轨底垂直,以确保焊缝两端钢轨特别是轨底预热均匀,如图 2-20 所示。

图 2-19　修整砂模浇注孔

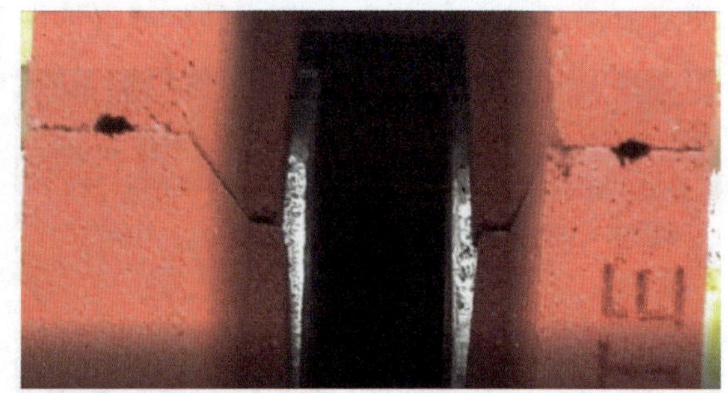

图 2-20　砂型浇注孔要对准焊缝中心

(4)安装三片模底模板时,底模一定要前后、左右对中,并且要紧贴轨底,如图 2-21 所示。

图 2-21　底模安装

(5)第一片砂型安装完毕后,在轨头处放置白卡纸并塞紧缝隙,然后合上第二片砂型。放置时,白卡纸必须露出侧模板,如图 2-22 所示。

图 2-22　左右砂型与白卡纸安装

提示：白卡纸燃烧后，会形成碳膜，可以保护轨面。

(6)锁紧夹具时，应由一人完成，使两侧均匀夹紧，如图 2-23 所示。

(7)在道岔尖轨或辙叉部位做铝热焊接施工时，因钢轨间隙狭窄，使用弓形夹具可以使夹具安装更加便捷、方便。弓形夹具安装时，螺栓固定部位一定要在侧模板定位卡的中部，如图 2-24 所示。

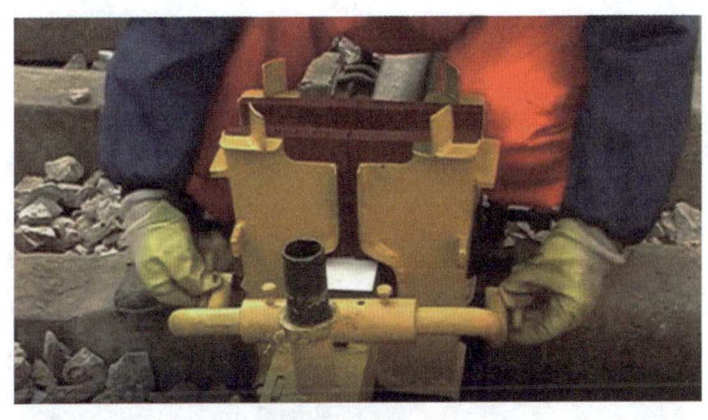

图 2-23　夹具的锁紧

图 2-24　弓形夹具安装

(8)必须检测砂型与轨腰部分的贴合，确保贴合紧密没有间隙，防止产生飞边。

(9)安装砂型过程中，切勿让砂粒等杂物落入焊缝型腔内。封箱后用吹风机或预热枪除去枪头残余氧气，在轨缝及浇注孔处吹出焊缝型腔内的渣物。

6. 预热枪支座安装

(1)预热枪支座应安装在上风方向，避免逆风安装导致火焰灼伤预热系统。

(2)调整预热枪管与轨面平行，如图 2-25 所示。

图 2-25　预热枪管与轨面平行

(3)用多用塞尺设定预热枪高度,预热枪头高度一般设为 30～40 mm,如图 2-26 所示。

7. 封箱

封箱是铝热焊操作过程中比较关键的步骤,应高度注意,如果封箱发生问题,很容易造成泄漏钢水的焊接事故。

(1)盖上砂模顶部,防止砂粒等杂物落入焊缝型腔内,造成焊接夹杂,如图 2-27 所示。

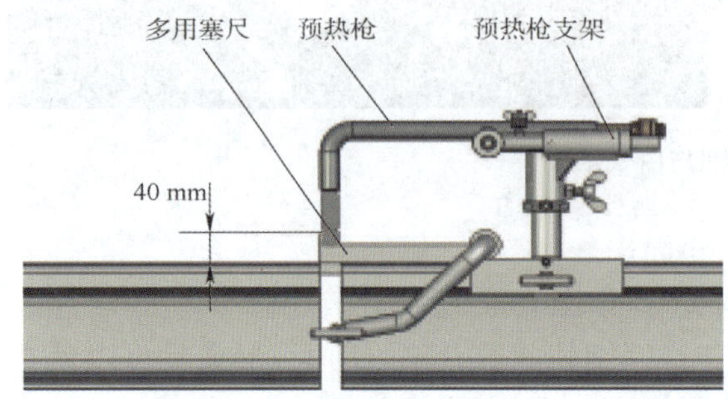

图 2-26　用多用塞尺设定预热枪高度

图 2-27　盖上砂模顶部

(2)首先对轨底、轨头处缝隙用封箱砂塞紧压实,然后整体封箱,用捣实棒将所有缝隙捣紧捣实,如图 2-28 所示。

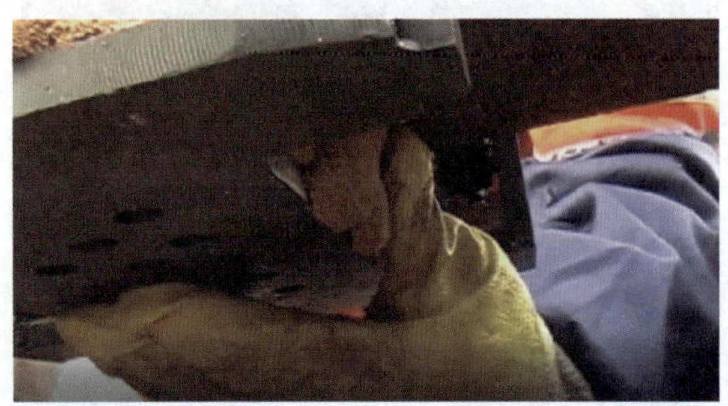

图 2-28　封　箱

(3)在砂型顶端,两侧模板之间的封箱砂要填满砂型凹槽,防止浇注时钢水从两砂型之间的侧缝处淌出,如图 2-29 所示。

图 2-29　两侧模板之间的封箱

(4)将侧模板顶端的边耳,覆盖封箱砂以保护侧模板,如图 2-30 所示。

图 2-30　边耳封填

(5)试放分流塞,如果过紧,进行适当修锉,如图 2-31 所示。分流塞的作用是将浇入砂模的钢水分流引导进入侧砂模的浇注孔,如图 2-32 所示。

图 2-31　试放分流塞

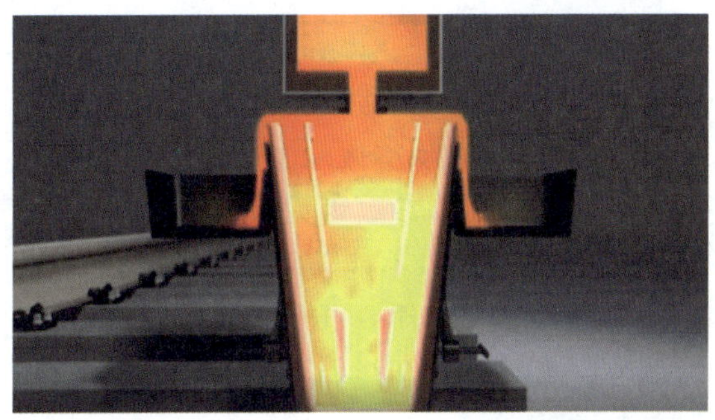

图 2-32　分流塞的作用

(6)封箱结束后,焊接负责人应仔细检查封箱是否达到规定要求,以确保焊接成功,如图 2-33 所示。

(7)将灰渣盘安装在侧模板的挂臂上,要挂稳落位,以避免熔渣流入时灰渣盘发生倾斜甚至脱落,如图 2-34 所示。

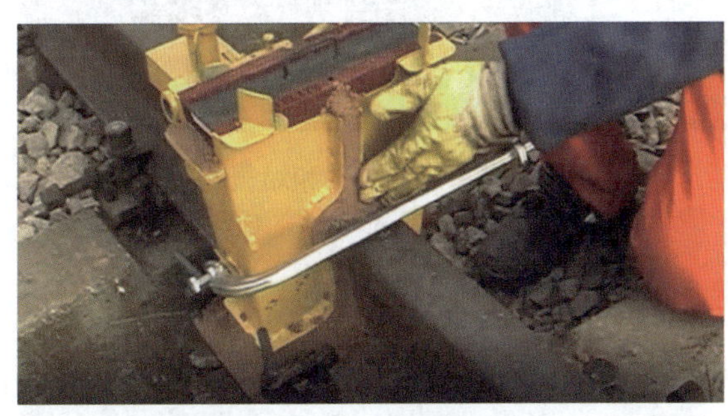

图 2-33　检查封箱情况

图 2-34　安装灰渣盘

①封箱砂的制作:将 5 kg 干封箱砂放入合适容器内,加入 400 mL 水,用力搓揉、搅拌,使所有封箱砂湿度均匀一致,然后做落砂试验,以检验封箱砂是否合格(如果使用已经制作好的湿封箱砂,则不需要上述操作)。

②落砂试验：用手抓一把封箱砂，稍用力将砂握成团，在 1 m 高度松开手使砂团自由落下，观察封箱砂落地情况，判定封箱砂制作是否合格，如图 2-35 所示。

（a）不合格

（b）合格

图 2-35　落砂试验

8. 预热过程的控制

（1）预热时必须掌握两个控制，一是氧气和燃气工作压力控制，二是预热时间控制。预热气体压力及时间等参数参见焊接参数表。氧气压力表总成和燃气压力表总成均配有回火防止阀，如图 2-36 所示，不能随意拆卸。

（2）火焰调节：预热枪上的氧气开关和燃气开关如图 2-37 所示。先微开预热枪的氧气阀门，3 s 后微开燃气阀门，再点火。然后交替开大两个阀门，直到氧气阀门完全打开为止，如图 2-38 所示。

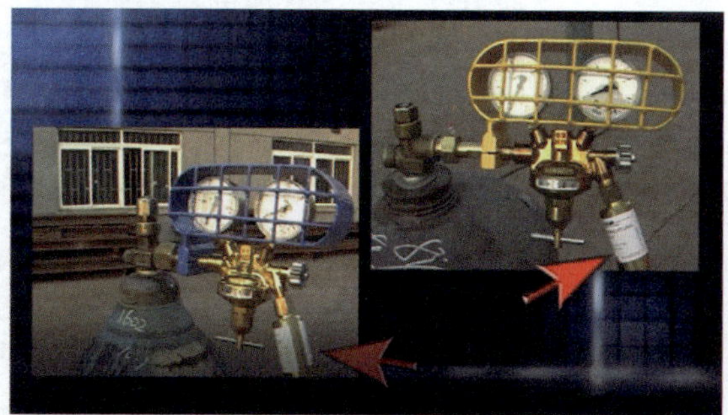

图 2-36　回火防止阀

图 2-37　氧气开关和燃气开关

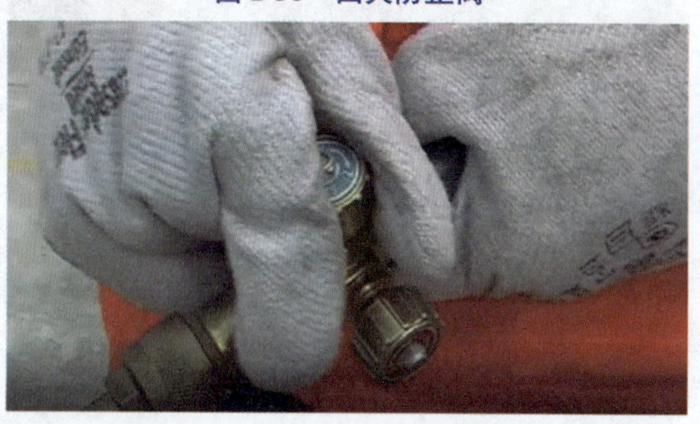

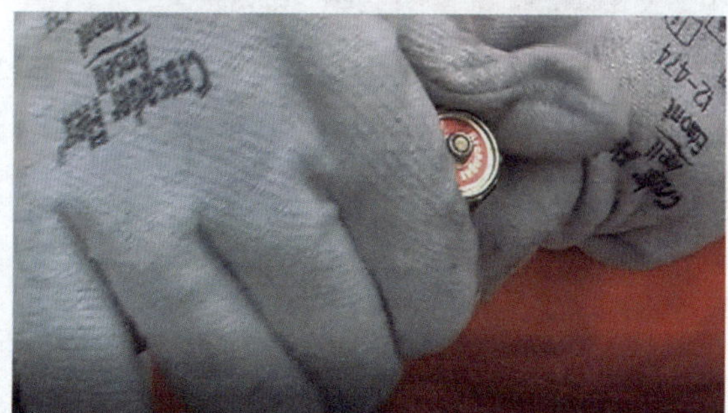

图 2-38　阀门开启顺序

(3)调节燃气阀门,控制火焰形态,使蓝色的焰芯长度保持在 15～20 mm 范围内,此时火焰为中性火焰。当燃气比例偏大时,火焰呈碳化焰,如果用碳化焰预热,温度将达不到预期效果;当氧气与燃气比例恰当时,火焰呈中性焰,适合铝热焊的预热要求;当氧气比例偏大时,火焰呈氧化焰,氧化焰温度过高,容易烧坏砂模,造成漏锅或产生轨顶融化滴泪现象,使焊头夹杂。三种火焰如图 2-39 所示。

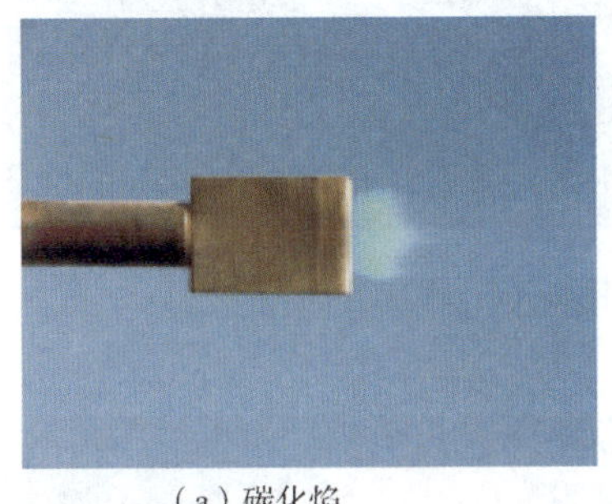

(a) 碳化焰

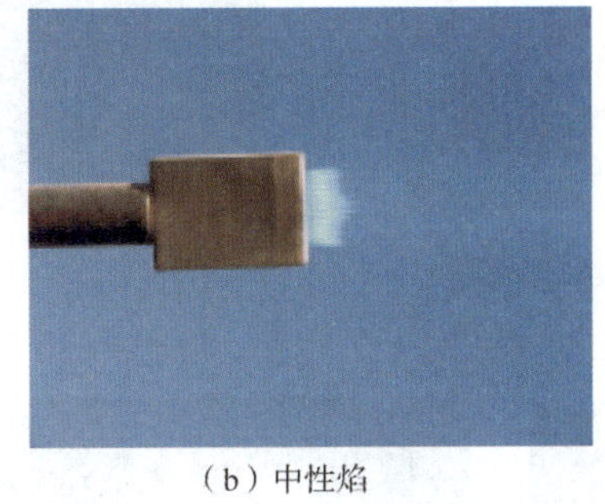

(b) 中性焰

(c) 氧化焰

图 2-39　火焰调节

提示:在火焰调节过程中,时刻观察氧气和丙烷工作压力是否符合参数要求。预热枪须朝天,避免伤及周边人员;任何情况下,预热时都不可使用氧化焰。

(4)用预热枪对两个灰渣盘稍作烘烤,去除灰渣盘可能带有的水分,如图 2-40 所示。

(5)将预热枪安置在预热枪支座上,调节枪头垂直并在焊缝中的位置呈前后左右置中,如图 2-41 所示。

图 2-40　烘烤灰渣盘

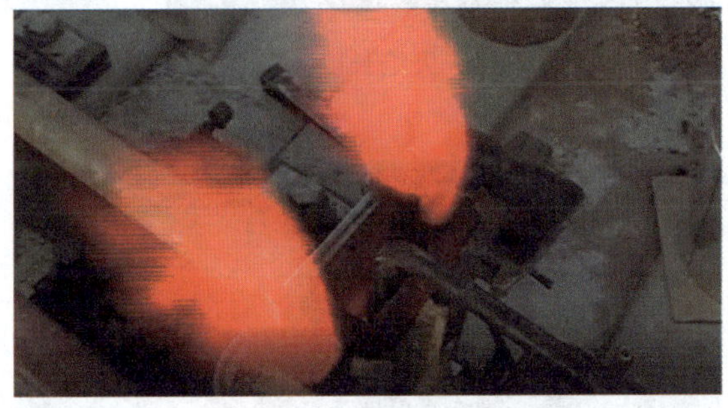

图 2-41　预热枪位置

预热枪头错误安装的几种情况:枪头过高使轨底角预热不足;枪头过低使轨头预热不足;枪头不垂直、不置中使轨缝两端预热不均匀,如图 2-42 所示。

火焰喷出浇注孔,立即用秒表开始预热计时,如图 2-43 所示。不同类型、不同钢种的钢轨和不同焊缝规格的铝热焊,预热时间各不同。焊接前要根据产品说明书的技术参数表确定。

提示:在浇注孔上方的火焰长度大约为 50 cm,如图 2-44 所示。

(6)预热的过程中,必须对分流塞作适当烘烤干燥去除水分,如图 2-45 所示。

(7)密切关注整个预热过程,特别是轨腰受热颜色的变化,预热完成时,轨腰的温度为 950 ℃～1 000 ℃,其颜色为亮黄色,钢轨两端预热范围应该对称,如图 2-46 所示。

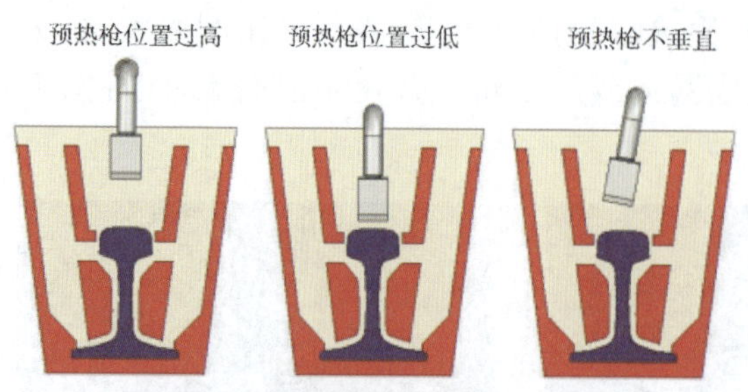

图 2-42　预热枪头的错误安装

图 2-43　预热计时

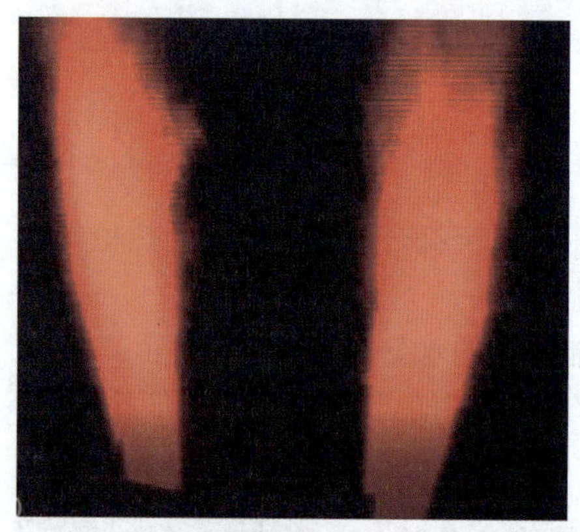

图 2-44　火焰长度

图 2-45　烘烤分流塞

图 2-46　轨腰预热温度和颜色

(8)预热完毕，撤除预热枪，先关闭燃气阀门，后关闭氧气阀门。

9. 坩埚的使用

(1)打开一次性坩埚的封盖，确认坩埚壁、自熔塞完好无损，清理并倒出坩埚内的浮砂，如图 2-47 所示。

(2)确认焊剂袋无破损，用容器将焊剂反复倾倒三次，混合均匀后倒入坩埚中，如图 2-48 所示，使其顶部成锥形，此时可以把高温火柴放置在坩埚内的焊剂上面，如图 2-49 所示。

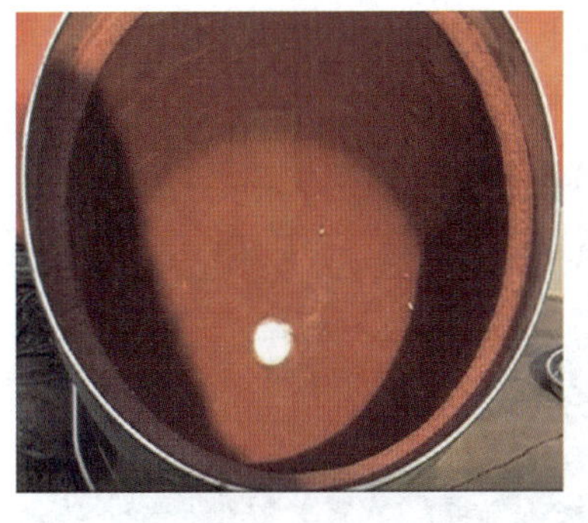

图 2-47　检查坩埚

（a）将焊剂反复倾倒三次

（b）混合均匀后倒入坩埚

图 2-48　焊剂的混合

（3）预热完成后，立即将坩埚安置在砂型侧模板顶部定位片内，如图 2-50 所示，取出坩埚内高温火柴，在红热状态下的砂型浇注孔内将其擦燃，然后快而稳地将高温火柴头 2/3 长度插入焊剂锥形顶部点燃焊剂，迅速盖上坩埚盖，所有人员退离到 3 m 以外安全距离。

图 2-49　高温火柴的放置

图 2-50　将坩埚安置在砂型侧模板顶部定位片内

提示：高温火柴插入焊剂时，切勿用力过猛，速度过快，否则高温火柴容易熄灭。

由于高温火柴在运输、保存和使用过程中，存在一定的安全隐患，近年来施密特铝热焊接技术逐步采用安全点火装置来点燃焊剂。

10. 焊剂反应

（1）记录者观察焊剂反应状况，当坩埚盖孔一出现明火时，为焊剂反应开始时间；一旦明火出现迅速萎缩，则为焊剂反应结束时间。焊剂反应从开始到结束之间的时间间隔为焊剂反应时间，焊剂反应时间一般为 7～15 s，如图 2-51 所示。

（a）出现明火

（b）明火萎缩

图 2-51　焊剂反应时间

（2）当坩埚底部一出现钢水时，即为钢水落下时间。钢水落下与焊剂反应结束之间的时间间隔为钢水镇静时间，钢水镇静时间一般为 6～18 s，如图 2-52 所示。

图 2-52　钢水镇静时间

11. 拆模

（1）浇铸完成后 1 min，移去坩埚，将其放在干燥、无易燃物的地方，然后移去灰渣盘，并将灰渣倒入坩埚中，如图 2-53 所示。

图 2-53　移去坩埚和灰渣盘

（2）浇铸完成后 4 min 30 s，拆除侧模板及底板。在拆除模板的过程中一定要小心，不要晃动砂型，更不能拉裂砂型，以免影响焊缝金属的正常结晶，甚至导致砂型开裂，钢水流出，如图 2-54 所示。

（3）拆除模板后，及时将轨面清理干净，防止推瘤时残渣拉伤轨面，如图 2-55 所示。

图 2-54　拆除模板

图 2-55　清理轨面

12. 推瘤

(1)浇注完毕 7 min 30 s,去除轨头砂型,如图 2-56 所示。

图 2-56　去除轨头砂型

(2)浇铸完毕 7 min 40 s 开始推瘤,如图 2-57 所示。在夏季高温和冬季严寒气候条件下,推瘤时间应适当调整。

提示:推瘤过早会因轨头硬度过软拉伤轨面;推瘤过迟会因轨头硬度过硬而难以推除焊瘤。

(3)推瘤完成后,用撬棍将浇注棒向外侧下方扳曲,便于下一步进行热打磨,如图 2-58 所示。

图 2-57　推　　瘤

图 2-58　扳曲浇注棒

(4)浇注完毕 30 min 以后,才能打掉浇注棒,如图 2-59 所示。

图 2-59　打掉浇注棒

13. 打磨

(1)推瘤完成后,可以立即进行粗打磨,以节省施工时间,如图 2-60 所示。

(2)焊头温度降至 300 ℃以下时才能放车通行,焊头冷却至 300 ℃之前,不得采取浇水等手段进行强制冷却。

(3)焊头冷却至环境温度后，进行精打磨，精打磨标准按照《钢轨焊接　第 3 部分：铝热焊接》(TB/T 1632.3—2019)规定的技术条件执行，如图 2-61 所示。

图 2-60　粗 打 磨

图 2-61　精 打 磨

轨面和导向边打磨完成后，最后对轨底角和焊头表面毛刺进行修理，如图 2-62 所示。

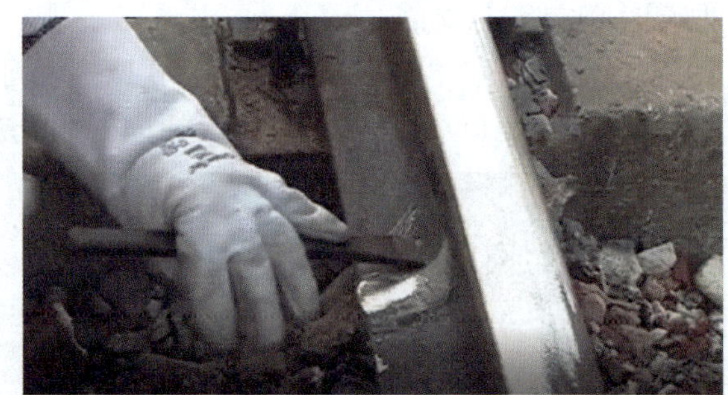

图 2-62　轨底角和焊头表面毛刺修理

14. 完成焊接

(1)焊接完成后，将熔渣、废钢料、废砂型等清理干净，装入反应后的废坩埚中，撤离工地时带到指定的场所处理，不得将其丢弃在施工现场，造成对铁路沿线环境的垃圾污染。

(2)将焊接点涂抹上油，做好标记，拆除对轨架或钢楔子，按规范要求恢复轨道正常的通车条件。

(3)做好焊接纪录，存档保管。

三、焊接参数表

施密特铝热焊接技术焊接参数见表 2-3。

表 2-3　焊接参数

序列	预热枪高度(mm)	气体压力(bar)		预热时间(min)	焊缝宽度(mm)	尖点高度(mm)	拆模时间	去除轨头砂型时间	推瘤时间
1	40	4.5	5.0	3.5～4.5	28^{+2}_{-1}	1.8～2.3	4′30″	7′30″	7′40″
2	30～35	1.2	1.5	2.0					

(1)序列 1 焊接参数适用于 Z90、Z100、Z120 焊剂；如使用高质量高纯度燃气可使用序列 2 的参数。

(2)预热的关键是要控制好火焰形态，注意观察轨端预热效果。

(3)冬季轨温低于 5 ℃时,不推荐铝热焊施工。特殊情况必须施工时,则燃气压力和预热时间需要适当调整,并要采取焊后保温措施。

(4)针对 Z120 焊剂,推瘤时间需延长 0.5～1 min(即去轨头砂型时间为 8 min～8 min 30 s,推瘤时间为 8 min 10 s～8 min 40 s)。

(5)焊接 U78CrV(PG_4)钢轨,推瘤完成后需保温 10～15 min。

四、焊接检验

(1)执行和满足《钢轨焊接　第 1 部分:通用技术条件》(TB/T 1632.1—2014)和《钢轨焊接　第 3 部分:铝热焊接》(TB/T 1632.3—2019)要求。

(2)检验项目:超声波探伤、疲劳、静弯、断口、拉伸、硬度、冲击和显微组织等。

五、SSC 焊剂小部件使用说明

1. 产品组成

SSC 焊剂小部件是一种铝热焊接安全点火装置,如图 2-63 所示。安全点火装置由安全启动帽和铁支架两部分组成,如图 2-64 所示。

图 2-63　SSC 焊剂小部件

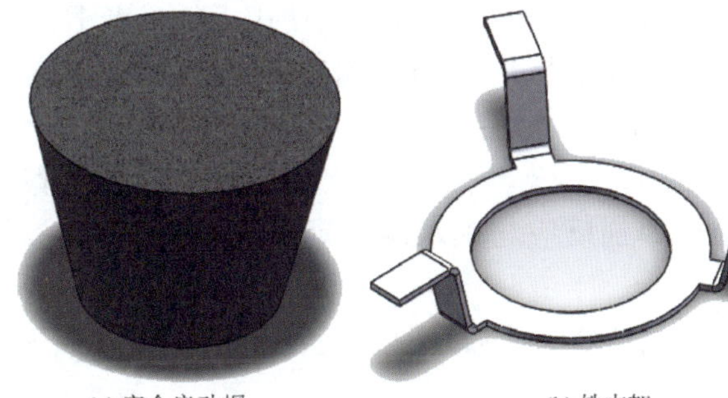

(a) 安全启动帽　　(b) 铁支架

图 2-64　安全点火装置的组成

2. 操作使用

(1)准备工作:将铁支架放置在铸钢(或砂质)坩埚盖的冒口上,安全启动帽放置在铁支架中间圆孔内,如图 2-65 所示。

(2)点火使用:铝热焊接预热结束后,调节预热枪燃气阀门,将火焰调至氧化焰,倾斜靠近安全点火帽,2～3 s 即可引燃,安全启动帽反应熔化落入焊剂,同时点燃焊剂,如图 2-66 所示。

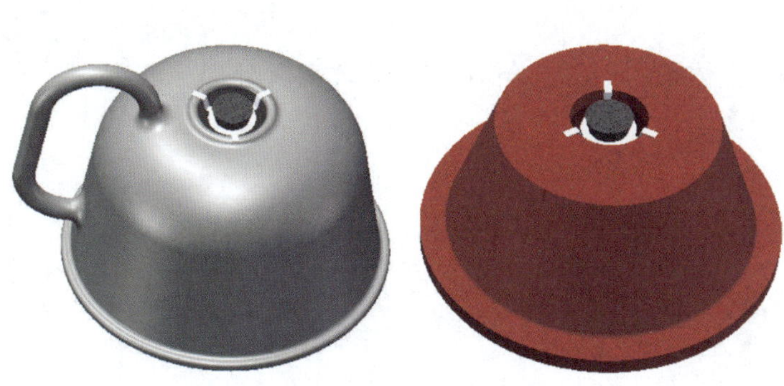

图 2-65　安全点火装置的安装

图 2-66　安全点火装置的点燃

3. 注意事项

(1)安全启动帽需防潮干燥保存。

(2)使用前检查并确保有足够的氧气和丙烷。

(3)操作人员必须佩戴适当的防护用品。

第三节 操 作 安 全

(1)氧气、丙烷、乙炔的存放、运输和使用必须遵照《易燃易爆化学物品消防安全监督管理办法》执行。

(2)施工前,对燃气瓶和各类设备按规程进行检查,确保施工过程安全可靠。

(3)高温火柴与焊剂在包装、储存和运输过程中必须分开,绝对不能将高温火柴随身放在衣袋中。

(4)确保燃气装置没有泄漏。如果发生回火,应立即先关闭氧气阀门,再关闭丙烷(或乙炔)阀门。

(5)焊剂、坩埚和砂型要防潮。正在反应的焊剂及其装置不能与水接触,不能用水和液体灭火剂灭火。遇紧急情况时,应该使用干砂或者干粉灭火器灭火。

(6)预热枪在点火、调节火焰和带火移动时,应该举高枪口并使枪口火焰斜向无物的上空,防止火焰灼伤人和物品。

(7)预热时,观察预热效果应戴护目墨镜,墨镜镜片界别为 5 级。

(8)在焊剂反应与钢水浇注期间,所有人员应该保持距坩埚 3 m 以上距离,观察者戴护目镜。

(9)焊剂反应完成后,如果钢水没能从坩埚中释放出来,必须让钢水在坩埚中冷却 20 min 后才能移动坩埚。

(10)灼热状态下的浇铸棒、砂型残渣、坩埚、灰渣盘及坩埚盖等铝热焊反应后产生的产物和物品,应该放置在干燥、无易燃物的地方。

(11)在隧道内和通风不良的场所施工必须使用乙炔做燃气。

(12)氧气瓶、燃气瓶(丙烷瓶或乙炔瓶)与焊缝之间的放置安全距离大于等于 10 m,气瓶之间的放置安全距离大于等于 7.5 m(或按照铁道行业标准执行)。

(13)丙烷瓶及乙炔瓶必须在直立状态下使用。

(14)打磨时,操作人员必须穿戴适当防护用品:护目镜、手套、靴子、工作服、工作裤等,注意隔离打磨时产生的火花。

(15)报废的焊剂,要与 2 倍以上体积的干砂混合均匀后,再作妥善处理。

第三章　QP 钢轨铝热焊接技术

第一节　概　　述

QP 钢轨铝热焊接技术具有焊接质量稳定、安全可靠、设备简单、快速方便、受人为因素干扰少等诸多优点，广泛地应用于区间无缝线路及跨区间无缝线路的铺设。除此之外，该焊接技术还被广泛地应用于新线建设(道岔焊接)及地铁线路维护等工作中。

一、技术特点

1. 经济省时

铝热焊现场焊接时设备简单，携带方便，便于操作。焊接时无须对坩埚进行清洁和预热，坩埚底部的自熔塞使浇注自动进行，小型轻便的辅助机具使焊接操作简便易行，劳动强度大大减轻。

2. 高质美观

铝热焊接焊后的完美冶金结构，确保了微观力学特性曲线达到最高级的各向同性性能。更多稳定的残余成分和分流塞的玻璃化使焊头中的金属夹杂大大降低。

3. 高稳定性和一致性

QP 钢轨铝热焊接工艺特殊的热隔离结构可以提供热平衡的高稳定性和一致性。特制的焊剂以及稳定的浇注温度，使焊接的高质量指标得以保障。

4. 铝热焊剂的优点

(1)大的熔合区。

(2)完美的热影响区。

(3)第一级各向同性。

(4)超量焊剂。

(5)质量保证的可追踪性。

5. 一次性坩埚的优点

(1)标准热平衡。

(2)稳定的焊后化学成分。

(3)便于搬动。

(4)不需清洁的坩埚。

(5)自动浇注。

(6)最佳钢质纯净度。

6. 焊接工艺的优点

(1)坩埚放置在砂模顶部。

(2)更高的焊头平直度。

(3)稳定的焊接。

(4)降低劳动强度。

(5)节省焊接时间。

(6)轻便的小型辅助机具。

(7)无环境污染。

二、铝热焊剂选用原则

(1)钢轨类型:50 kg/m、60 kg/m、75 kg/m。

(2)钢轨材质:U71Mn、U71Mn(K)、U71Mn(G)、U74、U75V、U75V(G)、U77MnCr、U78CrV(PG_4)等。

(3)U71Mn、U71Mn(K)和U71Mn(G)三种材质钢轨的焊剂选用规则一致,U75V、U75V(G)和U77MnCr的焊剂选用规则一致。

(4)焊剂的选用原则:

①依据《钢轨焊接　第3部分:铝热焊接》(TB/T 1632.3—2019)第6.1.1.4条规定,热轧钢轨与热处理钢轨之间的焊接,焊接接头的质量要求按照热轧钢轨执行,焊缝中心硬度与热轧钢轨进行比较。

②不同种钢轨之间的焊接,焊接接头的质量要求,按照强度级别较低的钢轨执行。

③焊剂的选择规则见表3-1。

表3-1　焊剂的选用原则

序　号	钢轨规格	焊剂类型	备　注
1	U71Mn热轧	R260	不同材质强度的钢轨进行焊接时,按照"就低不就高"的原则,选用材质强度级别低的钢轨所使用的焊剂。如:U71Mn热轧钢轨与U75V热轧钢轨焊接,选用R260型焊剂;U75V热轧钢轨与U78CrV热轧钢轨焊接,选用R300型焊剂
2	U71Mn热处理	R300	
3	U75V热轧	R300	
4	U75V热处理	R350(HH)	
5	U78CrV热轧	R350(HH)	
6	U78CrV热处理	R350(HH)	

三、铝热焊接耗材及工机具

1. 铝热焊接消耗物品

(1)密封膏。

(2)QP工艺专用的封箱泥。

(3)高温火柴(或电子点火引信)。

(4)动力机具用的汽油和合适的机油。

(5)足够的丙烷和氧气。

(6)焊一个接头所必需的QP组件,并确认与现场钢轨型号相匹配。

(7)(每天)备用的3套QP组件。

(8)楔铁。

(9)备用的钢轨扣件、轨枕垫条和垫板。

(10)准备一些插入轨(重量、型号及长度符合要求)。
(11)HC355 型锯轨机的专用锯片。
(12)MR150 型钢轨打磨机的专用打磨砂轮。
(13)标识牌和粘贴标签。
(14)表格、手册和安全防护文件。

2. QP 金属构件

(1)金属固定夹具。
(2)金属侧模夹板(1 对)。
(3)金属底板。
(4)灰渣盘。
(5)坩埚叉。

3. QP 工艺专用的焊前预热装置和焊后保温装置

(1)氧气、丙烷预热枪和预热支架。
(2)氧气和丙烷调压表。
(3)氧气、丙烷软管。
(4)防回火塞。
(5)合格的点火装置。
(6)保温箱或保温罩。
(7)其他:防雨工具或设施。

4. 安全防护用具

(1)焊工护目镜。
(2)面罩。
(3)焊工手套。
(4)护腿。
(5)护耳。
(6)口罩。
(7)急救箱及防火器材。

5. 机具

(1)HC355 型锯轨机。
(2)冲击扳手(可选)。
(3)TR75 型液压钢轨拉伸器。
(4)EGH2 型或 EPM2 型推瘤机。
(5)MR150 型钢轨打磨机。
(6)马特威德设备。
(7)CR57 型对正架、BA240 型钢轨对正架梁。
(8)角磨机。

6. 辅助工具

(1)活动扳手。
(2)轨道扳手。

(3)套筒杆。

(4)爪杆。

(5)(锻工用的)大锤。

(6)热切除凿。

(7)铁锤。

(8)轨道定位器。

(9)堵漏棒。

(10)起轨器。

(11)铁铲。

(12)楔铁。

(13)钢丝刷。

(14)标记印模或标记笔。

(15)用于修理动力机具的工具。

7. 测量工具

(1)焊工直尺(1 m)。

(2)轨温计。

(3)秒表。

(4)钢卷尺。

(5)测温仪。

(6)尖点尺。

(7)塞尺。

第二节　焊接工艺

一、铝热焊接工艺流程

采用QP钢轨铝热焊接工艺来完成一个钢轨接头的焊接可分为以下13个步骤,并且此13个步骤必须遵照以下特定顺序。

1. 到焊接现场前的准备工作

在出发到焊接现场之前,依据标准清单,检查并落实是否已备齐铝热焊接所必需的所有工具、材料、设备以及资料。

2. 在焊接现场的准备工作

(1)对焊接现场的环境条件进行综合评估。

(2)对任何可能导致火灾或安全事故的隐患务必进行清除。

3. 轨道的准备工作

采取适当的防护措施,避免钢轨在对接、对正以及焊接的过程中发生移动。

4. 钢轨端头的准备

仔细检查钢轨端头,并做好焊接前的清理工作,使其达到铝热焊接所应具备的条件。

5. 钢轨端头的对正

正确地做好轨端的间隙设定、垂直对正和水平对正，并消除钢轨端头间的不等倾斜。这一步的工作至关重要，如若其中任何一个工作没有做好，可能导致焊接失败。

6. 砂模的准备

检查并确定砂模的所有部件都已齐全，将其正确安装至钢轨端头，涂上封箱泥。这一步的工作至关重要，如果没有做好，焊完后的接头可能会有缺陷存在。

7. 预热

按规定压力和相应的时间对砂模和钢轨端头进行加热。预热火焰调节的精确程度以及预热时间将直接影响整个接头的质量。

8. 焊药包的准备

(1)检查焊药包内物品是否齐全，有无受潮及破损现象。

(2)将焊药按要求装入坩埚内。

9. 浇注

(1)停止预热后，将坩埚正确放置于砂模的正中位置上。

(2)点燃焊药，观察焊药的浇注过程，注意计时。

10. 拆模与推瘤

浇注完毕后等待一定的时间后，拆除砂模、推瘤，并除掉余烬。

11. 热打磨

(1)推瘤后立即进行打磨，使其接近钢轨。

(2)打磨接头的轨内和轨外表面。

12. 冷打磨

(1)打磨接头处的焊接隆起部分，并打磨至与钢轨的运行表面齐平。

(2)在热打磨和冷打磨的过程中，工作的精确程度将决定接头的可靠性。

13. 收尾工作

(1)检查焊好的接头，做好焊接记录并贴上标记。

(2)将轨道恢复至标准状态。

(3)清理焊接现场。

(4)撤销轨道防护措施。

二、铝热焊接工艺步骤

1. 到焊接现场前的准备工作

(1)依据标准清单，准备 QP 钢轨铝热焊接使用的消耗型材料、QP 金属构件、QP 工艺专用的焊前预热装置和焊后保温装置、安全防护用具、机具、辅助工具、测量工具等。

(2)准备好所需要的所有机具以及物品后，进行技术交底，布置施工方案，并通知申请线路封锁点。

2. 在焊接现场的准备工作

到达工作现场之后，将所有机具及工具放置到位，并做好以下工作：

(1)检查并找出任何可能造成安全事故的隐患及障碍。

①道砟是否潮湿,是否有雪或结霜。

②工作现场是否有湿滑的地方。

③工作现场是否有多条线路。

④工作现场是否有障碍。

⑤在邻近轨道附近是否有火车来往。

(2)检查并找出任何可能造成火灾的隐患。

①干草、灌木丛及树枝。

②易燃材料。

③易燃的钢轨润滑油。

(3)找一个适合挖废渣弃置坑的地方,挖一个废渣弃置坑。在挖坑前一定要检查是否有地下电缆或电缆槽。

(4)将防火设施放置在适当地方。

(5)将轨道四周的干草或灌木丛以及所有易燃的物品打湿。

(6)重要注意事项:

①检查安全及火灾隐患。

②及时做好工作安排,主要焊接人员不少于 5 人。

③铝热焊接区域及废渣弃置坑附近要保持干燥,如图 3-1 所示。

3. 轨道的准备工作

(1)检测轨道的平直度和表面情况是否满足铝热焊接要求。

(2)将轨温计置于钢轨背光的一侧,测量轨温并做好记录,如图 3-2 所示。

图 3-1　铝热焊接区域保持干燥

图 3-2　放置轨温计

如果轨温低于 15 ℃,则应在装砂模之前将待焊钢轨两端各 1 m 范围内加热至 37 ℃左右,如图 3-3 所示。

(3)确定所使用的 QP 焊剂与钢轨的型号及重量相对应。

(4)检查钢轨的间隙:待焊接的钢轨端头与最近的轨枕的距离应不少于 100 mm,如图 3-4 所示。如不足 100 mm,则必须挪动轨枕。焊头永远不能置于轨枕之上,如图 3-5 所示。

(5)除去道砟:将待焊轨缝下的道砟掏至距轨底至少 100 mm,如图 3-6 所示,以便为砂模安装提供空间,并方便随后拆除砂模底板和清除多余焊料。

图 3-3　轨温低于 15 ℃预热前加热钢轨

图 3-4　钢轨端头与轨枕的距离

图 3-5　焊头不能置于轨枕之上

图 3-6　轨底与道砟的距离

(6)上紧扣件：轨缝大小设置好后，为确保轨缝在焊接过程中固定不变，要将待焊轨缝两侧各至少 15 m 范围内的扣件上好(更换长轨或应力放散时，至少 50 m)，如图 3-7 所示。必须确保所有的紧固件都上紧，并且对轨道采取安全防护措施。

如果在焊接过程中，受极端高温或低温的影响，可能使钢轨产生移动，则使用液压钢轨拉伸器将钢轨固定后再焊接，如图 3-8 所示。

图 3-7　上紧扣件

图 3-8　钢轨拉伸器固定钢轨

(7)为了方便随后的对正工作,焊接前需要将轨缝两侧各 4～6 根轨枕上的扣件及垫板卸掉,直线地段 4 根,曲线地段 6 根,如图 3-9 所示。

(8)分别在焊头两侧的第三根轨枕处,轨底和轨枕上划对应标记,如图 3-10 所示,以确保轨缝大小设置好后没有再移位。

图 3-9 卸掉扣件及垫板

图 3-10 位移标记

如果此后钢轨发生了移动,则轨头间隙将发生改变,而且会影响轨头的正确预热;已经抹好的封箱泥将可能裂开,从而导致钢水泄漏。

(9)检查并确认锯轨机、推瘤机和打磨机能够正常工作,如图 3-11 所示。如果在需要使用这些设备时,才发现有问题,将没有时间再去调整或修理。

图 3-11 检查机具工作状态

4. 钢轨端头的准备

轨道的准备工作做完以后,必须对钢轨端头进行检查处理,然后才能进行对正工作。

(1)检查钢轨端头有无螺栓孔及裂缝、裂纹,有无倾斜、损伤、以前的修补焊接或其他缺陷。如有任何裂纹或损伤,应将钢轨端头切掉,切割长度应保证裂纹或损伤影响的范围被完全清除,如图 3-12 所示。然后锯一段插入轨,插入轨的长度不短于《普速铁路线路修理规则》规定的最小长度。

(2)检查钢轨端头是否被氧枪切割过,必须确定钢轨端头以前未被气焊或电焊过(钢轨易脆断)。任何采用氧枪切割的钢轨端头都应采用锯轨机将其锯掉至少 100 mm 长,如图 3-13 所示。

图 3-12　轨端裂纹

图 3-13　锯掉氧枪切割端头

(3)钢轨上任何螺栓孔距焊接轨端的距离都不应小于 100 mm,如图 3-14 所示。如距离太近,螺栓孔的细小裂纹在高热下会迅速发展,最终导致焊接失败,如图 3-15 所示。

图 3-14　螺栓孔与被焊轨端距离

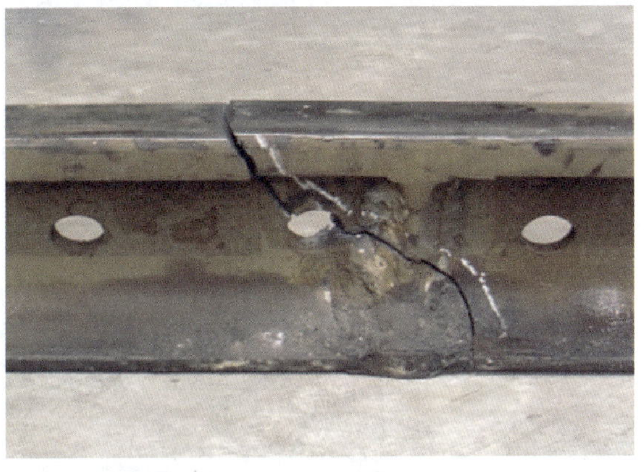
图 3-15　螺栓孔太近导致焊接失败

(4)若有任何金属飞边现象,用砂轮将其从轨端磨掉至少 50 mm,使它同轨面齐平,如图 3-16 所示。

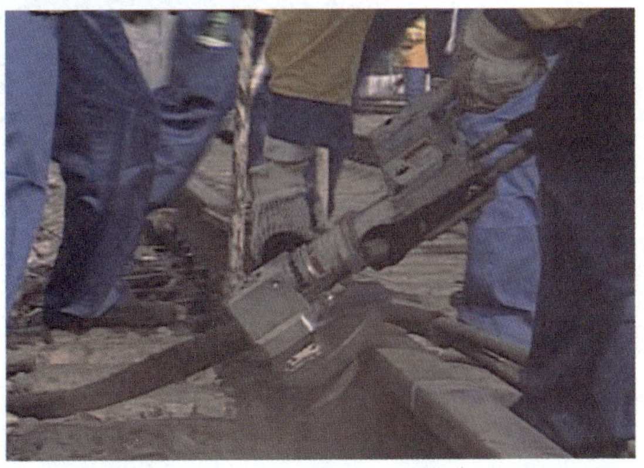
图 3-16　金属飞边及其打磨

(5)若钢轨端头用其他方式焊接过,不要对其直接进行铝热焊,如图 3-17 所示。将其他修补焊接影响到的部分全部锯掉,然后再锯一段插入轨,插入轨的长度不短于《普速铁路线路修理规则》规定的最小长度。

(6)如轨端有低塌现象,其低塌深度大于 2 mm,长度大于 20 mm ,则必须切掉后再进行焊接,如图 3-18 所示。

图 3-17　其他方式焊接端头

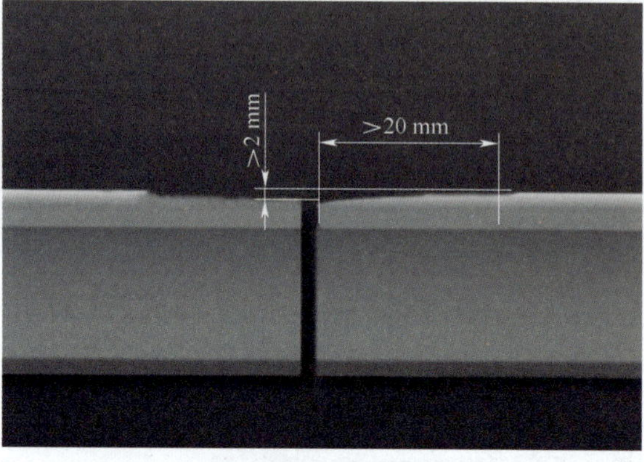

图 3-18　轨端低塌

(7)为确保预热及连接的均匀,钢轨端头切割必须使用 HC355 型锯轨机,从而使切割后的端头平整、垂直,如图 3-19 所示。

图 3-19　HC355 型锯轨机

钢轨锯口尺寸正确,应垂直、无偏斜、无蓝光。钢轨端头断面的垂直公差应小于 1.0 mm,如图 3-20 所示。

(8)如果焊缝两侧钢轨的高度不同,若其高差小于 3 mm,则应对齐轨头,高差在轨底消除,如图 3-21 所示;若其高差在 3～6 mm,对齐轨腰,轨头和轨底均分高度差,如图 3-22 所示。打磨时,新轨一侧打磨长度延长,使焊头两侧钢轨表面平顺。当轨头高度差异达到 6 mm 以上时,建议不要焊接。

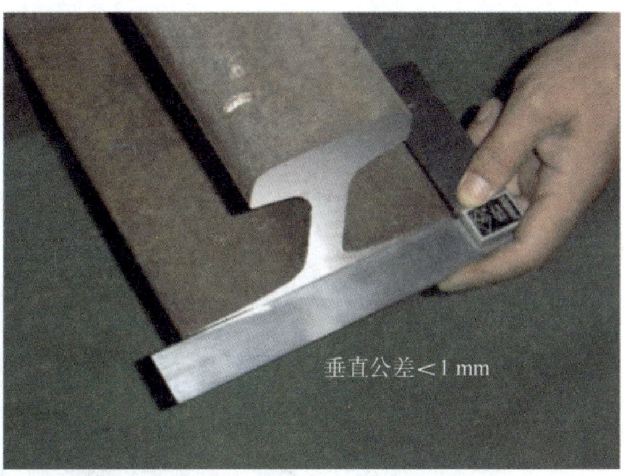

图 3-20　钢轨端头断面垂直公差

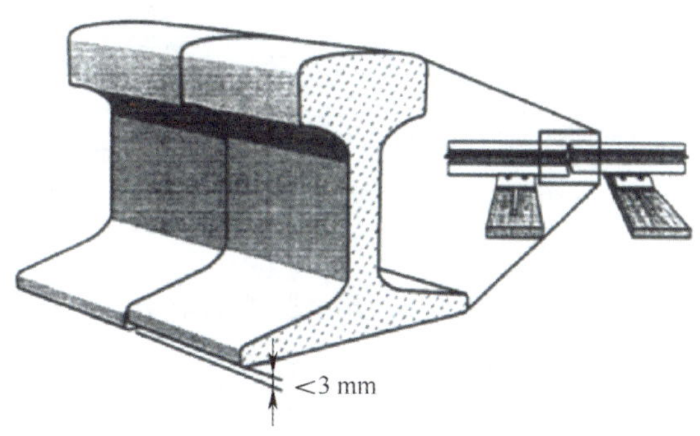

图 3-21　钢轨高差的消除(小于 3 mm)

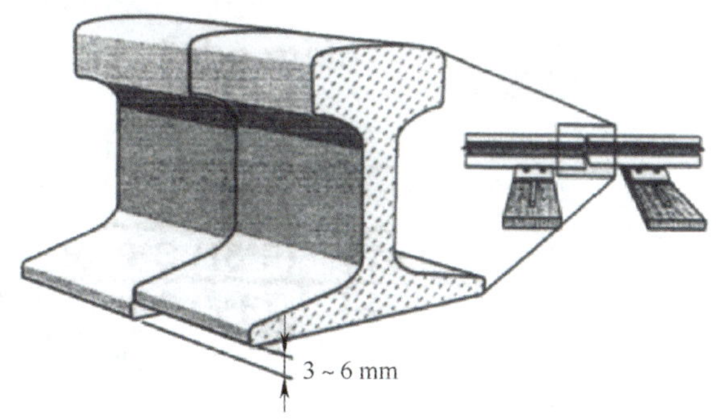

图 3-22　钢轨高差的消除(3～6 mm)

(9)若钢轨有侧磨，应对其钢轨的轨底和轨腰在轨头侧磨处放入专用的密封垫条后再进行焊接，如图 3-23 所示。

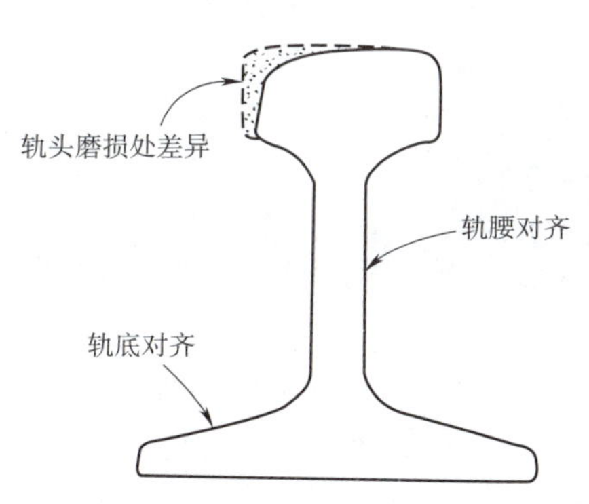

图 3-23　轨头侧磨的处理

(10)对正区域为轨缝两侧各 0.5 m 的范围。

(11)为确保获得良好的连接面，用电动钢丝刷清洁钢轨端头 100～150 mm，用角磨机将距钢轨端面 20～30 mm 打磨成金属光泽。

所有的毛刺或飞边都应打磨掉。任何油漆、油渍、锈迹和其他污垢，都应用电动钢丝刷将其从轨端刷掉至少 100～150 mm，如图 3-24 所示。

图 3-24　轨端清洁

5. 轨道端头的对正

在钢轨对正前，必须对路基的水平情况进行一般性的检查，核实是否存在倾斜的轨枕和低接头等。如果发现有倾斜的轨枕或低接头，则必须在进行对正之前将该区域调整，同时调整好钢轨的大方向。

钢轨端头的对正是任何铝热焊接工艺中最难也是最关键的一步。QP 铝热焊接钢轨端头对正的四要素：轨缝调整；尖点设定（即垂直对正）；水平对正；不等倾斜调整，操作时必须严格按照以上顺序来进行。

（1）轨缝调整：每次测量轨缝时，以轨底角边为基准在轨头和轨底的两侧进行测量，如图 3-25 所示。

图 3-25　轨缝测量

控制轨缝宽度为26 mm$^{+2}_{-1}$ mm，即 25～28 mm。如无特殊要求，不要增加或减短钢轨长度，因为会影响钢轨的无应力温度。轨缝大小不正确会影响钢轨焊头机械性能，如果间隙小于 25 mm，将达不到预热的效果，而且熔化的钢水会因过量而溢出灰渣盘；如果间隙大于 28 mm，也将同样达不到预热效果，而且熔化的钢水还不足以填满整个间隙。

使用 CR57 型对正架，将使对正工作简单而快速。对正架为一对同时使用。使用时，松开调整螺杆，将两个对正架分别放置于距轨缝的第二根轨枕上，如不能满足推瘤机的使用，则放置在第三根轨枕上。注意应放置平稳，并将对正架的导向板中心对准钢轨的中心线，如图 3-26 所示。

（2）尖点设定（即垂直对正）：由于钢轨在冷却过程中，焊头受到两侧钢轨的拉力而将导致下沉，为了补偿焊缝金属在冷却过程中的这种下沉现象，设定一定的尖点值是十分必要的。

测量尖点时，将 1 m 直尺置于钢轨运行表面的正中央，并以焊缝居中，然后用对正架上部的螺杆进行调节，此时对正架的左右两根螺杆应松开。直尺端头与钢轨运行表面的间隙就是进行尖点设定时所需要测量的尺寸，两端的尖点值用塞尺测量，如图 3-27 所示。

图 3-26　导向板中心对准钢轨中心

图 3-27　尖点测量

如果一侧钢轨端头过高，可使用起轨器将偏高的钢轨另一端抬高，起轨器应放置在距离钢轨端头 8～12 根轨枕处。不得将整个线路抬高。起轨器必须一直放置在钢轨上，直至焊头冷却至 300 ℃以下。

通常情况下，混凝土轨枕的尖点值为 1.6～2.2 mm。尖点值 1.6～2.2 mm 为参考范围，实际焊接时可根据现场情况适当调整。

根据目测掌握的情况及直尺的测量情况，来调节钢轨的位置，直至直尺的两端都获得正确的尖点。若尖点没有设定好，则焊头冷却后钢轨的运行表面将过高或过低，这种情况可能会引起列车撞击钢轨。

(3)水平对正：水平对正也采用 1 m 直尺，分别紧贴钢轨轨头、轨腰和轨底的内外侧检查，如图 3-28 所示。用对正架左右两侧的一对螺杆进行调节，调节时两根螺杆应左紧右松或右紧左松，直到在 1 m 范围内将钢轨和直尺调节到完全密贴为止。

若两侧钢轨轨头宽度不一时，应调整钢轨使工作边对齐，如图 3-29 所示。在焊接完成后进行打磨时，将轨头的内侧与外侧打磨成一条直线。

图 3-28　水平对正

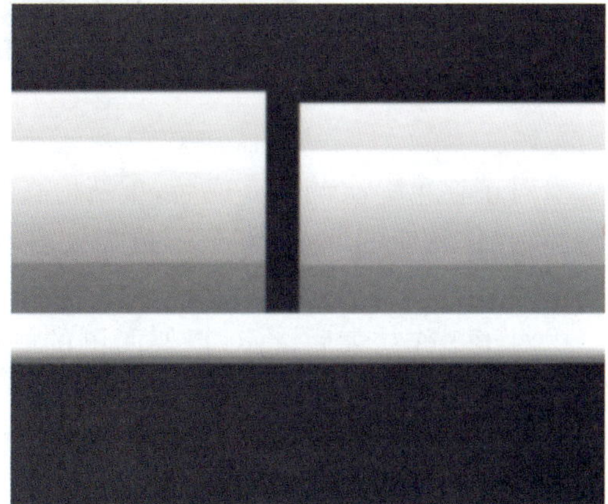

图 3-29　对齐工作边

(4)不等倾斜调整:当水平方向对正完成以后,一定要检查钢轨的不等倾斜。用 1 m 直尺分别检查轨头、轨腰、拐角处及轨底部位的对正,检查时 1 m 直尺的中心点必须与轨缝的中央对齐,如图 3-30 所示。

如与 1 m 直尺不密贴,则需要进行调整。根据目测钢轨端头时所了解的情况以及直尺的测量情况,判定哪一侧钢轨偏离了中心线,用两个对正架下部各一根长螺杆进行调整,如图 3-31 所示,直至调节至钢轨与直尺完全密贴为止。

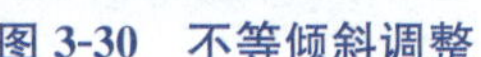

图 3-30 不等倾斜调整

图 3-31 对正架长螺杆调节

若不等倾斜未进行调整(图 3-32),钢轨端头间扭曲将导致焊接后焊头因疲劳过度而提前断裂。

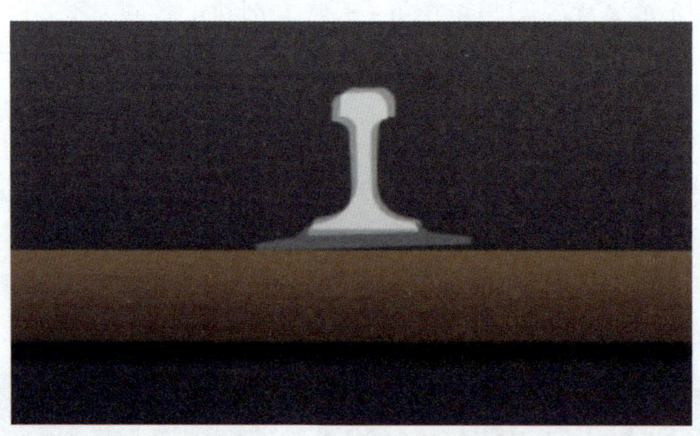

图 3-32 未进行不等倾斜调整

对正在第一次调整完成后,重新检查钢轨端头的间隙大小、垂直对正、水平对正以及倾斜调整,并作相应的调节,直至不再需要任何调节。若对正工作没有做好,则可能导致轨距不一致。

对正工作结束后,将对正架两侧的螺杆用手轻轻上紧,并在钢轨底部轻轻敲入木楔,如图 3-33 所示,防止钢轨在随后的焊接中发生移动。

在线路下进行钢轨焊接时,使用对正架梁进行对正,如图 3-34 所示,对正工作会更加快捷、可靠。

图 3-33　轨底敲入木楔

图 3-34　对正架梁对正

钢轨端头对正使用的对正设备可能各不相同，有钢轨对正架、钢轨对正架梁或轨底对正架，但对正的步骤却是一致的，即轨缝调整、尖点调节(垂直对正)、水平对正、不等倾斜调整。进行铝热焊接时，依照此程序进行对正，直至对好，并按照同样的程序再检查一遍。若使用斜铁进行对正时，该顺序会有所不同。

在钢轨对正的过程中，千万不要碰钢轨或对正架；在浇注结束前，任何人不得站在焊接区域内的轨枕上；若过早撤掉起轨器或对正架，将导致焊头提前受力。

6. 砂模的安装和封箱

钢轨端头的对正工作完成以后，就可以开始将砂模安装在轨缝处了。

(1)检查 QP 组件：打开 QP 砂模包装箱，检查其中的四个组件，一定要确认所有的组件是否齐全(图 3-35)，并且干燥、没有破损，禁止将砂模组件置于下雨或潮湿的环境中；同时清理砂模表面浮砂(图 3-36)。

图 3-35　检查 QP 组件

图 3-36　清理砂模表面浮砂

(2)底砂模安装：砂模安装从底模开始，首先将底砂模放入金属底板中，然后将密封膏涂在底砂模两侧的槽中，形状如铅笔，不能过高，如图 3-37 所示。

将金属底板及底砂模放在钢轨底部，并使其与轨缝完全对中，底板的夹紧螺栓应置于钢轨较高的一侧，如图 3-38 所示。用手将夹紧螺栓拧紧，并同时轻轻敲打底板的边缘，以确保拧紧后底板与轨底密贴。接着用扳手将螺栓再拧紧四分之一圈，应小心不要将螺栓拧得太紧，否则可能破坏钢轨的对正或是挤裂底砂模。

图 3-37　底砂模安装及密封

图 3-38　金属底板及底砂模与轨缝对中

(3)检查钢轨对正：再次检查钢轨的对正，检查轨缝大小、尖点、水平对正及不等倾斜调整，如图 3-39 所示，随后焊头处将会被砂模覆盖。

图 3-39　检查钢轨对正

(4)侧砂模安装：将两侧砂模装入相应的金属侧模中，置于钢轨两侧，带有废渣流出口的侧模应位于钢轨的低侧，并使两侧模与轨缝对中，用侧模夹具将砂模固定好，如图 3-40 所示，将其小心拧紧，夹具不要拧得太紧，否则可能把侧砂模挤裂，使用手电筒检查侧砂模的居中性，如图 3-41 所示。

(5)封箱：用一干净纸板将砂模口盖上，以防止封箱泥或其他杂质掉入砂模中。进行密封时，首先从底板及侧模支脚处开始，然后在砂模与钢轨接缝处抹少量的封箱泥。先从钢轨底部开始，然后轨腰，直到钢轨头部，最后是砂模接缝处，将封箱泥均匀地抹在砂模与钢轨的接合处，再用更多的封箱泥对第一次的密封进行加固，如图 3-42 所示。抹泥要适量，并均匀涂抹。如封箱泥抹得太多，则很难在预热时烘干，容易因潮湿而造成焊接缺陷，影响焊接效果；如抹得太少，则可能造成钢水泄漏。

图 3-40　侧砂模安装

图 3-41　检查砂模是否居中

图 3-42　封　箱

砂模密封好后，还要在砂模灰渣流出口抹一层封箱泥，并在砂模夹具螺杆上抹一层封箱泥，既能使灰渣盘放置稳妥，又能对螺杆起保护作用，如图 3-43 所示。

(6)灰渣盘放置：在灰渣盘内装入干砂或磨碎的砂模材料，如图 3-44 所示，以避免流出的多余钢水及灰渣与灰渣盘直接接触，而导致灰渣盘熔化。另外，将焊接区域下方潮湿的地方用干砂盖上，切记要注意保持砂模底部地面的干燥，如果出现钢水泄漏，高温的钢水与潮湿冰冷的道砟接触将会引起爆炸。

图 3-43 灰渣流出口和砂模夹具螺杆抹泥

图 3-44 灰渣盘放置

(7)制作堵漏棒：制作两根至少 1 m 长的堵漏棒，如图 3-45 所示，以防万一出现泄漏。

图 3-45 堵 漏 棒

(8)重要注意事项：

①底板上好之后，不要忘了检查钢轨的对正，这是最后一次检查对正的机会。

②使用 JS 砂模(带密封垫条)时应注意安装侧砂模不能损坏密封垫条，安装完成之后，要敲击金属侧模夹板下部，使侧砂模与钢轨轨腰贴合紧密。

③必须用一片干净的纸板盖在砂模上，以防止杂质落入砂模内。

④封箱泥如果过量将无法很好地烘干，而且会带来湿气。

⑤封箱泥太少则会干裂，以致钢水泄漏。

⑥若使用 QPCJ 砂模，需研磨砂模，以便砂模与钢轨贴合紧密。

7. 预热

砂模在正确安装并用夹具夹紧后，就可以对轨端及砂模进行预热。

预热的目的是将轨端的砂模材料加热到一个较高的温度，减少它们与熔化的钢水之间的温差，防止高温钢水流入砂模中时出现热冲击现象。同时，预热还可以将轨端、砂模及封箱泥烘干，避免潮湿影响焊接。预热是一个非常关键的环节，正确预热是焊接成功的关键。一定要使用原装成套预热装置，包括预热枪、预热枪支架、氧气表、丙烷表、氧气防回火塞、丙烷防回火塞、氧气软管、丙烷软管。在这个步骤中压力的调节、火焰的调节以及预热时间的掌握都将对预热起到至关重要的作用。

(1)安装预热支架：在预热之前，先调整好预热支架，将预热支架架在钢轨上，调整支架两侧的螺栓，使支架的中心线与钢轨中心线吻合，并且预热枪喷嘴距离钢轨轨面的高度为 $50\ \text{mm}^{+3}_{-2}\ \text{mm}$，并使喷嘴垂直向下居中，如图 3-46 所示。

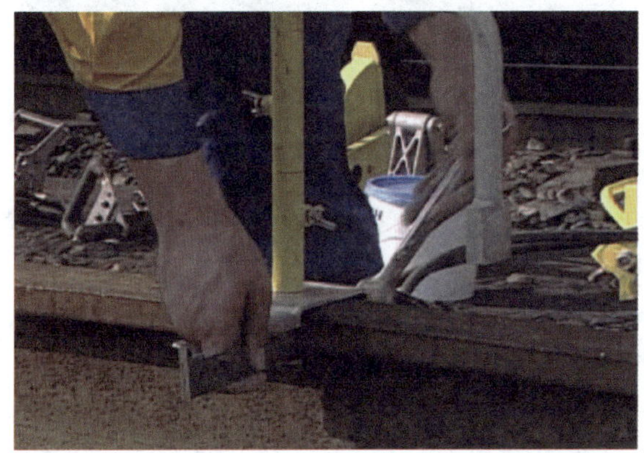

图 3-46　调整预热支架

预热支架调整好后，将其安装在砂模一侧的钢轨上，并把预热枪装在预热支架上，在砂模型腔内进行定位，保证预热枪喷嘴在砂模内前后左右居中，并垂直向下，如图 3-47 所示。

图 3-47　预热枪喷嘴在砂模内居中

(2)压力的调节：调节氧气和丙烷的压力时，先将丙烷和氧气调压器上的压力完全释放掉，即低压归零，然后将预热器上的两个阀门完全打开，再顺时针通过氧气和丙烷的调压阀调节压力。预热气体必须是丙烷。

氧气压力为 70 PSI(相当于 0.49 MPa 或 4.9 Bar)，丙烷压力为 10 PSI(相当于 0.07 MPa 或 0.7 Bar)，如图 3-48 所示。压力调好后，关闭预热器上的两个阀门。

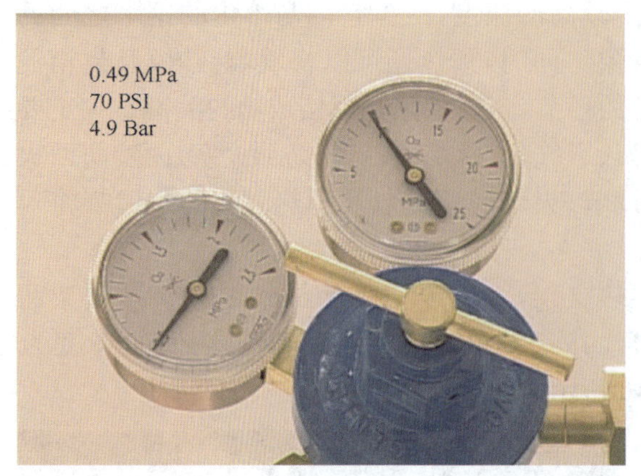

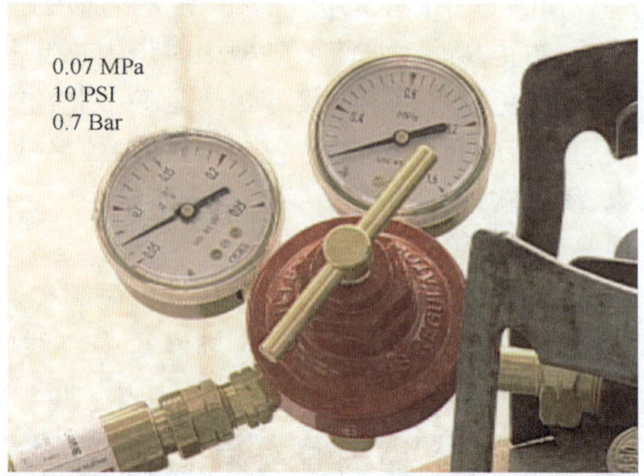

图 3-48 氧气和丙烷压力

寒冷气候条件下施工时，要保证氧气丙烷充足，并对气瓶保温。预热时氧气丙烷压力必须达到规定参数。

(3)调节火焰：点火时先在砂模外略微打开预热枪上的丙烷开关，点燃火焰并将其稍稍开大，慢慢打开预热器的氧气阀门，然后慢慢地交替打开氧气和丙烷开关，直至预热枪上的丙烷开关完全打开，氧气开关开到合适的位置，这时将在预热枪喷嘴处获得一个大约 12 mm 的蓝色焰芯火焰，如图 3-49 所示。

图 3-49 调节火焰

(4)预热：将预热枪迅速放在预先定位好的预热支架上，并将预热枪在砂模中迅速定位居中，如图 3-50 所示，确保火焰是垂直进入砂模中的，上紧螺栓，此时火焰应从砂模两侧冒出，并且均匀对称，如图 3-51 所示。

这时，稍关预热器上的氧气开关，当火焰声音发生变化时，再略微打开氧气开关，火焰声音恢复均匀，在火焰声音变化的临界点，火焰高度在砂模上方约 0.5 m 时，迅速按下秒表开始计时，如图 3-52 所示，一定要在火焰调节好后再按秒表计时。

图 3-50　正确放置预热枪

图 3-51　火焰均匀对称

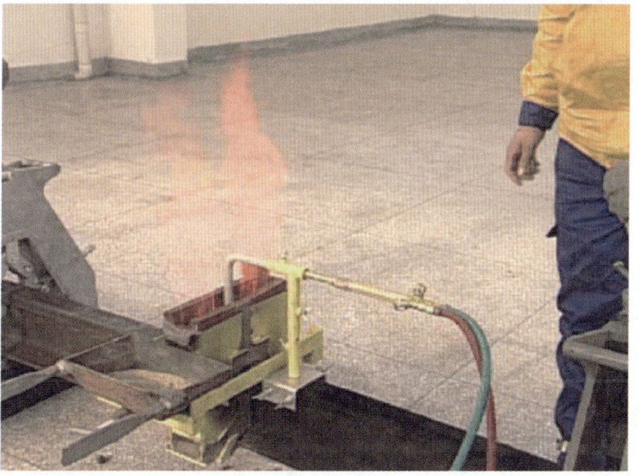

图 3-52　预热开始计时的时刻

另外，还要将分流塞放在砂模边角上进行加热，大头朝内，靠近火焰但不在火焰中，预热 1 min 左右，以便将其烘干，如图 3-53 所示。注意不要将分流塞推进入口。

图 3-53　正确放置分流塞

同时，负责预热的人员，应再重新检查一遍氧气和丙烷的压力是否发生变动。

(5)钢轨预热时间：不同轨重的钢轨，预热时间不同，必须严格遵守相应规格钢轨所规定的时间，见表 3-2。

表 3-2　钢轨预热时间

钢轨规格(kg/m)	预热时间(min)
50	4
60	5
75	6

注：表中为基准预热时间，可依据工作天气和环境状况、工作气体、钢轨预热情况加以调整。

在预热的整个过程中，要不间断地观察预热的情况，确保火焰是直接朝向钢轨焊缝处的，而且两侧加热均匀，检查并保持气体压力恒定。

在规定的预热时间结束后，钢轨端面及轨头颜色应发红，注意不要预热过度。此时，撤走预热枪，先关掉氧气阀门，再关丙烷阀门，结束预热工作。

(6)重要注意事项：

①不要忘记在寒冷气候条件下，根据需要对钢轨进行加热。

②一定要在火焰调节好后再按秒表计时。

③预热时间参考相应规格钢轨所提供的参数时间，可根据现场气温、气体和钢轨实际预热状态加以调整。

④必须检查并落实火焰是垂直进入砂模中的。

⑤不要忘记加热分流塞。

⑥注意不要让分流塞掉进砂模型腔。

⑦预热气体必须为氧气和丙烷。

8. 焊药的准备

由于焊药必须在预热结束后 20 s 内点燃，且越快越好，所以 QP 焊药和坩埚的准备工作应在预热时同时进行。在预热开始后，打开焊药倒入坩埚中，切勿提前，以免焊药受潮。坩埚和焊药的准备工作也应该在干燥清洁的地方进行。

首先，在一个干燥的地方检查包装箱内组件是否齐全，取出一次性坩埚，检查坩埚及坩埚盖，看是否有破损及碎片，另外应检查坩埚内部，清除杂质，如图 3-54 所示，确保坩埚干净、无裂纹裂缝。检查坩埚中的自熔塞是否完好无损，是否垂直，有无松动，自熔塞应正确地位于底部中央位置。

在开封之前，检查焊药包是否有破损或受潮现象，确定焊药包装袋是密封而且干燥的，如图 3-55 所示。如果药包有破损，焊药有明显受潮的现象，将焊药和砂土混合扔掉。

揭掉焊药包的标签并将其贴在焊接报告上。小心地打开焊药包以防任何焊药泄漏，并将其中的焊药慢慢旋转着倒入一次性坩埚内，如图 3-56 所示，用手将焊药搅拌一遍使焊药重新混合，以便发现焊药是否有结块现象，并确认焊药混合完好。注意不要失掉袋中的任何焊药。

将焊药的顶面做成锥形，并插入一根高温火柴，如图 3-57 所示，盖上坩埚盖，将坩埚放在砂模附近，以便在预热结束时，能及时将坩埚放置到位。

最后，将纸箱及其他包装材料放到废渣弃置坑中。预热一结束，就可以立即将坩埚放置到位，然后点燃。

图 3-54　坩埚检查

图 3-55　焊药检查

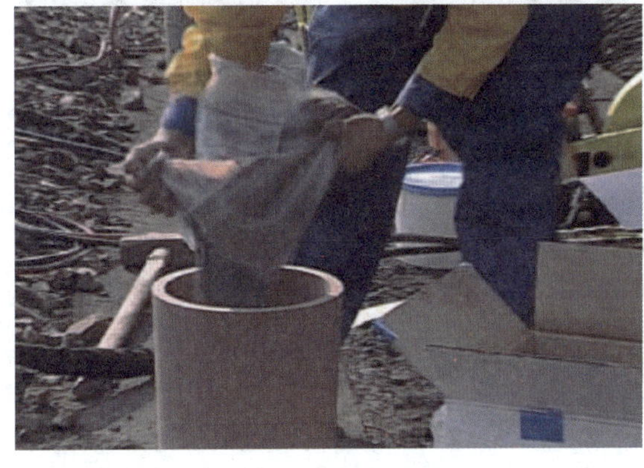

图 3-56　焊药倒入坩埚

图 3-57　插入高温火柴

9. 浇注

预热结束前，所有用于浇筑的工具必须在手头准备好，戴上焊工护目镜及焊工手套。预热时间一到，应立即将预热器从砂模中取出，将预热装置上的阀门迅速关掉。将分流塞正确放入砂模顶部的入口内，并轻轻向下推入，如图 3-58 所示。分流塞的作用是将熔化的钢水在砂模中均匀分布。

迅速将一次性坩埚放置在砂模顶部的正中央，如图 3-59 所示。

图 3-58　正确放置分流塞

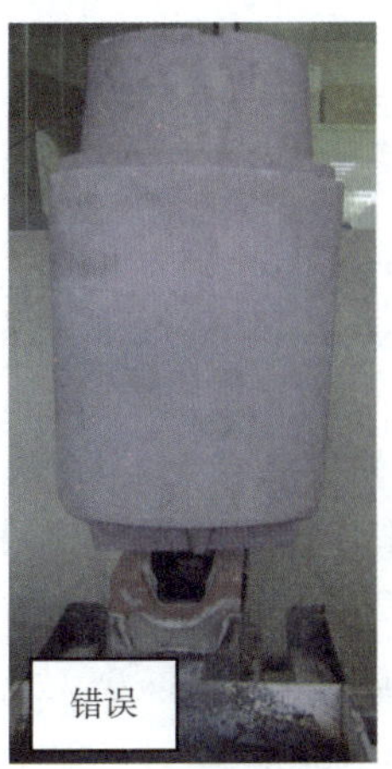

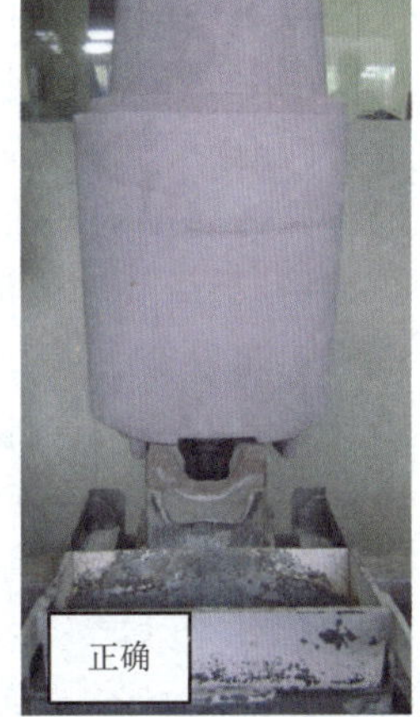

图 3-59　正确放置坩埚

从坩埚中取出高温火柴，并将其在高热的砂模中点燃，然后将点燃的高温火柴插入焊药中，如图 3-60 所示。插入深度大约为 25 mm，若插入太深，则会引起焊药燃烧不正确，反应过快。

焊药点燃后，盖上坩埚盖，戴好护目镜，手持堵漏棒站立一旁，以防钢水泄漏。如果有钢水泄漏现象，并且堵漏棒无法将其堵住，迅速清理现场并离开。

从砂模流出的钢水及灰渣刚刚流完最后一滴时，迅速按下秒表开始计时，如图 3-61 所示。铝热焊剂反应过程的平均时间应大于或等于 5 s，反应总时间应小于或等于 35 s。

图 3-60　正确插入点燃的高温火柴

图 3-61　开始计时的时刻

浇筑后的冷却过程中，准备好热切凿、大锤、铁铲及推瘤机，等待拆模及推瘤。

对于出现焊药“冻结”的紧急情况的处理：所谓“焊药冻结”，是指在焊药反应后，一分钟之内钢水没有浇注下来。这是一种十分少见但却有潜在危险的情况，当遇到此种情况时，立即远离坩埚，锯下焊头，然后插入短轨重新进行焊接。

10. 拆模及推瘤

砂模的拆除，时间是关键因素。拆模过早，会影响焊药的冷却过程，导致出现脆性焊头或钢水溢流，如拆模过晚，多余的焊料很难被清除。

在浇注结束 5 min 后开始拆模，不要提前。

首先移走一次性坩埚及灰渣盘。用坩埚叉将坩埚端至废渣弃置坑，端坩埚时一定要小心，应使用坩埚叉，切勿用手直接端走坩埚，如图 3-62 所示。将灰渣盘放在废渣弃置坑附近一块干燥的地方，先将其冷却下来。在废渣冷却之前，不要将废渣盘内的废渣倒入废渣弃置坑。切记不要将高温的灰渣盘放于混凝土轨枕上，不要将高温废渣倒入水中。在拿走灰渣盘时一定要端平，避免高温废渣溅出，并戴好焊工手套，如图 3-63 所示，即使戴着手套，在端走灰渣盘的过程中如果发生滑倒、跌倒时依然有相当大的可能会烧伤手或身体的其他部位。

拆掉砂模夹具、侧模夹板及金属底板。在砂模两侧与轨面齐平处，用热切凿刻一槽，将砂模顶部推入铁铲内拿走，然后将焊缝两侧的封箱泥清理掉，如图 3-64 所示，以避免封箱泥及多余的砂模进入高热的焊头。

在浇注结束 6.5 min 后开始推瘤，如图 3-65 所示。可以视焊头红热情况略推迟，不要提前。如推瘤时间过早，因此时焊料还比较软，会引起焊头的热拉伤；如推瘤时间过晚，损坏刀头。

图 3-62　移走坩埚

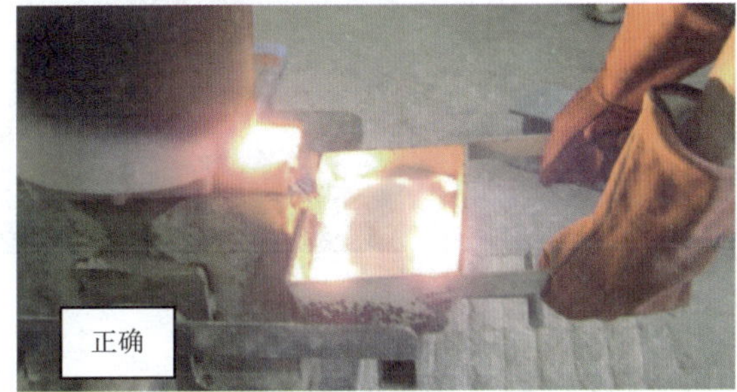

图 3-63　移走灰渣盘

图　3-64

图 3-64　拆模及清理

图 3-65　推　　瘤

最后，将推瘤下来的多余焊料倒入废渣弃置坑中。将内外侧大小钢柱用大锤敲弯，从而使其不影响随后的热打磨。同时，用热切凿或角磨机在大钢柱底部刻一槽，以便冷却后敲掉，如图 3-66 所示。

图 3-66　敲弯大钢柱及刻槽

如果气温低于 15 ℃或下雨下雪刮大风，应将焊头用保温罩覆盖至少 10 min，如图 3-67 所示，之后才能进行打磨，以防止焊头处冷却过快，导致焊头两侧不合格。气温低于 5 ℃ 时，不建议进行铝热焊接施工。

11. 热打磨

推瘤并在必要的冷却延时过后，就可以对焊头进行热打磨了。热打磨开始前，一定要穿戴好安全防护用品，包括面罩、护耳、口罩、护腿、护目镜等。

首先将打磨机放在钢轨上，先打磨钢轨顶面的内侧，慢慢地将多余的焊料打磨掉，将钢轨运行表面多余焊料打磨至距轨面约 1 mm，如图 3-68 所示。打磨过多，会导致钢轨冷却后焊头偏低。如果焊头在高温时就被打磨至与钢轨齐平，则焊头冷却后，将出现凹陷现象。

图 3-67　保温罩的使用

图 3-68　热 打 磨

钢轨内侧顶面打磨完后，开始打磨钢轨头部及钢轨内侧面交汇拐角处，然后是钢轨内侧面。随后，将打磨机转到钢轨另一侧开始打磨钢轨顶面的外侧，使其与内侧顶面齐平，最后打磨钢轨顶面与钢轨外侧面交汇的拐角及钢轨外侧面。

通过打磨，将钢轨头部两侧与轨面过渡的圆弧处打磨至与既有钢轨齐平；将钢轨的内外侧打磨至与既有钢轨齐平，将钢轨宽度上的任何差异逐渐消除。

若在浇注后 10～15 min 内没有完成热打磨，就不要打磨的过快过猛，否则会使焊头变得过热并使轨端发蓝，如图 3-69 所示。

在浇注结束 15 min 后，撤除对正架或其他对正设施，如图 3-70 所示，以便使焊头在冷却过程中能自由下落至水平，不能提前撤除。若使用了起轨器，则在浇注结束 30 min 后撤除，不能提前。

图 3-69　不正确的热打磨

图 3-70　拆除对正设施

当使用了钢轨拉伸器时，只有当钢轨温度低于表 3-3 温度时才能撤除拉伸器，钢轨拉伸器使用情况如图 3-71 所示。

12. 冷打磨

表 3-3　钢轨拉伸器撤除要求

应　　力	温　　度(℃)
张　　力	300
压　　力	600

注：如果要对焊头进行拉伸，必须等到焊头冷却到 100 ℃以下。

由于冷打磨需要在稍后一些时间才能开始，所以在冷打磨之前可以开通线路，允许列车通过，但条件是浇注结束后 30 min 或焊头温度须降至 300 ℃以下才能通车。

浇注结束 1 h 后及焊头温度降至 90 ℃以下，对钢轨表面进行冷打磨，使其整体平直，如图 3-72 所示。如果现场进行许多铝热焊接，冷打磨的时间还可以再推迟。

图 3-71　钢轨拉伸器使用

图 3-72　冷 打 磨

首先打磨钢轨的运行表面，然后是顶面与侧面交汇的拐角处。冷打磨时，应把焊头打磨到与原既有轨面完全齐平，但一定要注意不要打磨原钢轨本身，除非有一侧的钢轨略微偏高。冷打磨也不要过快过猛，否则会使焊头变得过热或发蓝，如图 3-73 所示，进而导致钢轨表面过脆。

用大铁锤将底部的小钢柱打掉，同时清除掉其他的多余焊料，从而使焊头处达到可以用肉眼直接进行观察和检查的程度。

13. 收尾工作

冷打磨一结束，应对焊头进行检查，并将轨道及现场恢复正常。

首先，检查焊头。看有无肉眼可直接观察到的缺陷，然后用焊工直尺检查钢轨的运行表面及钢轨的内外侧面，使三个表面均应平顺并达到规定的误差要求，如图 3-74 所示。焊头过高或过低，均会导致列车运行时产生撞击，甚至导致焊接失败。

其次，恢复线路。所有开始搬动过的轨枕及扒走的道砟，均应恢复；对焊头两侧至少 3 根轨枕或更多轨枕下方的道砟进行捣固。恢复工作包括轨枕垫板、绝缘垫板及扣件；残留的砂模碎渣及焊药灰渣应倒入废渣弃置坑，然后将坑填平。清理现场，收拾好工具及轨温计等，清点工机具材料。

最后，按要求做好标记，完成焊接记录报告。

图 3-73　不正确的冷打磨

图 3-74　焊头质量检查

第三节　操作安全

(1)焊接人员注意不要滑倒及碰伤手脚。

(2)严格落实上线作业防护避车制度，邻线来车时禁止锯轨和打磨作业。

(3)焊接工应穿防烫鞋，锯轨作业应戴防护头盔，使用角磨机打磨时应佩戴护目镜。注意火星烫伤和锯片破碎伤人。

(4)电器设备应有漏电保护装置。对轨时注意动作协调，防止斜铁、大锤碰伤。封箱人员应佩戴专用手套进行封箱砂操作。

(5)氧气瓶、丙烷瓶及火焰，三者间的距离符合规定，防止发生爆炸、烧伤。氧气瓶、丙烷瓶应安装防回火装置。流量计应专人盯视。

(6)坩埚应放置平稳，防止倾斜碰撞。防止烧伤、烫伤、压伤、碰伤。应使用专用工具移去反应坩埚并放置在预先挖好的废渣弃置坑内。

(7)废渣冷却后应慢慢放入废渣弃置坑内，严禁将高温废渣倒入水中和放在轨枕上。

第四节　设备检查规范

铝热焊接相关机具、设备例行检查的项目、内容、方法、周期以及手持工具的基本维护指导规范，见表 3-4。操作人员应按照指导规范进行相关重要设备的检查和维护工作，以保证设备安全正常的运行，从而最终确保钢轨焊接的质量，降低钢轨铝热焊接接头伤损甚至折断的隐患。

表 3-4　铝热焊接设备检查规范

设备名称	检查项目	内　容	方　法	周　期
CR57 型对正架	外观检查	对正架体、钢轨夹口、架芯等结构部件无裂纹、破损和变形	目视	每次使用前
		各开口销完好无缺失	目视	每次使用前
		螺栓、螺母等无松动	目视/扳手	每次使用前
	试用检查	各螺杆副、顶部推力轴承、其余活动部件之间运转正常，无干涉、无卡阻	操作	每次使用前
	保　养	各螺杆副、顶部推力轴承涂抹润滑脂	涂润滑脂	每季度

续上表

设备名称	检查项目	内　　容	方　法	周　期
预热系统	预热枪检查	枪体无弯曲变形，枪头出口无堵塞	目视	每次使用前
		各接头及管箍紧固无松动，无泄漏，阀门功能正常	目视/耳听	每次使用前
		软管完好无破损，无泄漏	目视/耳听	每次使用前
	压力表检查	压力表及调压阀须定期送具备资质的专业机构进行校验，检测合格证在有效期内	目视	每年至少一次
		表头无破损和污渍	目视/操作	每次使用前
	预热枪支架检查	各部分无变形，活动部件运转正常	目视/操作	每次使用前
		枪架蝶形锁紧螺钉完好无滑丝，能够牢固的锁紧	操作	每次使用前
		支座与钢轨接触面平面度符合要求	拉伊台克对正钢直尺及塞尺	每次使用前
	通气测试	调压阀动作正常，压力表示数准确灵敏（必须安装防回火塞）；若不正常必须查找原因，必要时购买新品进行更换	实装	每次使用前
	保　养	清理防回火塞积碳	积碳清洗剂	每次使用后
		更换预热枪头（每3年），更换防回火塞（每年）	更换	到期时
打磨机	外观检查	各结构件无变形、裂纹，启动拉环无损坏	目视	每次使用前
		各处螺栓、管路、线路紧固无松动	目视/扳手	每次使用前
		引擎机油量正常（处于油尺刻度之间）	目视	每次使用前
		化油器、引擎周围无汽油、机油泄漏痕迹	目视	每次使用前
		打磨砂轮无破损，紧固螺栓安装牢固（无偏心），砂轮厚度小于25 mm时对砂轮进行更换	目视、扳手、卡尺	每次使用前
	试　机	引擎启动正常，无异响，运转无异常抖动	操作	每次使用前
	保　养	机油	更换	新机：使用一个月后或累计工作5 h 旧机：自上一次更换机油后每季度或累计使用25 h
打磨机	保　养	空气过滤器	更换	每季度或累计使用25 h
		火花塞	更换	每两年或累计使用200 h
		汽油滤清器	更换	每半年或累计使用50 h
钢轨拉伸器	外观检查	各结构件无变形、裂纹	目视	每次使用前
		各处螺栓、管路接头紧固无松动	扳手	每次使用前
		各活动部件转动正常，无卡阻	操作	每次使用前
	试　车	液压泵引擎启动正常，油缸动作正常，无卡阻、无爬行，无液压油泄漏	操作	每次使用前
	保　养	机油	更换	新机：使用一个月后或累计工作5 h 旧机：自上一次更换机油后每季度或累计使用25 h

续上表

设备名称	检查项目	内　　容	方　　法	周　　期
钢制侧模、底板	外观检查	整体结构完好，无变形、破损	目视	使用前
锯轨机	外观检查	皮带罩、锯片罩、皮带、锯片等完好无破损、裂纹	目视	每次使用前
		皮带罩、锯片罩、扶手、连接轴、锯片压盘等紧固无松动	目视/扳手	每次使用前
		轨卡上下支撑臂无裂纹、无变形，各活动部分转动正常	目视/操作	每次使用前
	试　　机	将锯轨机和轨卡组件连接好(否则无法启动)，启动引擎正常，怠速及高速运转平稳无异响	操作	每次使用前
		切割钢轨断面垂直度、平面度符合要求	角尺及塞尺	每季度
	保　　养	更换空滤，若皮带磨损进行更换	更换	每季度
		取下皮带罩，检查皮带张紧度，必要时将皮带调紧	目视/操作	每季度
推瘤机	外观检查	固定、活动横梁及泵体横梁等承力结构件无裂纹和变形	目视	每次使用前
		各处螺栓、液压管路、接头紧固无松动	目视/扳手	每次使用前
		锁紧装置运动灵活无卡阻	操作	每次使用前
		检查液压油量是否充足	目视	每次使用前
	试　　机	检查或调整垂直及水平方向刀头限位螺栓，保证刀头距轨道踏面 1.5～2 mm，水平居中，检查及调整刀头间距限位螺栓保证推瘤刀头合拢时最小距离 1 mm	量具	每次使用前
	保　　养	刀头每实施推瘤 50 次后，需对刀头进行检查、打磨或更换	推瘤次数统计	推瘤 50 次后
		机油	更换	新机：使用一个月后或累计工作 5 h 旧机：自上一次更换机油后每季度或累计使用 25 h

注：对于同时给出月/年或工作时间期限的，取较早到达者。

第四章　钢轨焊接接头管理

第一节　人员资质管理

一、组织管理

钢轨焊接工作必须由专业队伍和经过培训合格的专业人员承担。实行专业化管理，成立钢轨焊接专业队伍，并由段直接管理。

工务段应按管辖范围，合理设置铝热焊接作业组（指工区下设具有独立焊轨作业能力的小组）。原则上每个单位不多于5个，每个焊接作业组至少包含3名具有《钢轨铝热焊接培训合格证》的主要焊轨人员。各焊接作业组统一编号，编号为单位代码＋组，应与《钢轨焊接接头标识规则》中相关要求一致，并建立台账，即"焊接组织台账"。台账包含焊接作业组所属焊接单位，焊接作业组成员个人信息、培训合格证编号和有效期等信息。焊接作业组主要焊轨人员变动时，台账应动态更新。

若钢轨焊接工作量超过作业能力，可委托有资质的单位进行受托焊接作业。

二、焊接组织台账

"焊接组织台账"格式见表4-1。

表4-1　焊接组织台账

序号	段名	车间	焊轨组信息		姓名	性别	年龄	学历	现职名	参加工作时间	从事焊轨时间	培训情况			
			名称	编号								参加国铁集团培训年月	参加焊接培训种类（法焊、德焊）	焊接资格证有效期	证书编号
1															
2															
3															
4															

三、钢轨焊接接头标识规则

1. 标识规则

（1）标识规则适用于工厂焊、现场焊的各种焊接接头。

（2）每个焊接接头都应具有终生唯一编号，并与焊接记录编号一一对应。

（3）钢轨焊接接头标识不得伤损钢轨。

2. 标识格式

焊接接头的标识代码统一由三个字段12位代码组成，三个字段分别为属性段、日期段、流水段，如图 4-1 所示。

图 4-1　标识代码格式

标识的第 1～4 位代码为属性段，分别表示焊接单位、焊接方法和焊接作业组。

标识的第 5～10 位代码为日期段，表示焊接日期。

标识的第 11～12 位代码为流水段，表示当日焊接的顺序号。

属性段与日期段、日期段与流水段之间均空一个字符。

3. 标识代码

(1)除铝热焊接头外焊接接头标识

第 1、2 位代码为钢轨焊接作业的铁路局集团公司代号，北京局集团公司统一编 03。

第 3 位代码为焊接方法代号，由 0～3、5～9 表示。

——1：表示固定式闪光焊 1 号生产线；

——2：表示固定式闪光焊 2 号生产线；

——3：表示移动式闪光焊；

——5：表示移动式气压焊；

——6：表示电弧焊；

——7：再用轨焊接生产线；

——8：预留生产线；

——9：预留生产线；

——0：预留生产线。

第 4 位代码为铁路局集团公司内焊轨作业组代码，由 1～9 表示(超过 9 时，分别用 A～Z 表示 10～35，由大修段细化确定，其中移动式闪光焊、气压焊以焊轨车编号顺序编组)。

第 5、6 位代码为焊接的年份代号，由 00～99 表示。

第 7、8 位代码为焊接的月份代号，由 01～12 表示。

第 9、10 位代码为焊接的日期代号，由 01～31 表示。

第 11、12 位代码为作业组当日焊接的流水号，由 01～99 表示。

(2)铝热焊接头标识代码

第 1、2 位代码为钢轨焊接作业的铁路局集团公司代号，北京局集团公司统一编 03。

第 3 位代码为铝热焊接方法代号，由 4 表示。

第 4 位代码为铁路局集团公司内各段代号，由 A～Z 表示。如北京局集团公司，A 为大修段，B 为北京工务段，C 为丰台工务段，D 为北京西工务段，E 为张家口工务段，F 为承德工务段，G 为天津工务段，H 为唐山工务段，I 为秦皇岛工务段，J 为石家庄工务段，K 为保定工务段，L 为邯郸工务段，M 为衡水工务段，N 为高铁工务段，如再新增单位以 O～Z 顺序表示，均含各单位外请队伍。

第 5、6 位代码为焊接的年份代号，由 00～99 表示。

第 7、8 位代码为焊接的月份代号，由 01～12 表示。

第 9、10 位代码为焊接的日期代号，由 01～31 表示。

第 11 位代码为段内作业组编号，由 1～9 表示(超过 9 时，分别用 A～Y 表示 10～34)，非本单位焊接作业组编号以 Z 表示，并在铝热焊接头管理台账备注中填写焊接单位名称，具体由各段细化规定。

第 12 位代码为作业组当日焊接的流水号，由 1～9 表示(超过 9 时，分别用 A～Z 表示 10～35)。

铝热焊接接头标识如图 4-2 所示。

图 4-2　铝热焊接接头标识

(3)标识示例

“034B 130806 12”表示北京局集团公司铝热焊、北京工务段第一作业组、2013 年 8 月 6 日焊接的第 2 号焊头。

“0333 120603 05”表示北京局集团公司移动式闪光焊、大修段第三作业组、2012 年 6 月 3 日焊接的第 5 号焊头。

4. 标识部位

标识代码字体中心应在钢轨中性轴上，宜标记在钢轨非工作面一侧，标识距轨缝宜为 1～5 m，但标识不得位于钢轨厂标或炉罐号部位，也不得位于焊接钢轨时的夹持部位，保证标识清晰可见。

5. 标识样式

(1)标识的字体应清晰、规范，深度应均匀。

(2)标识代码长 140 mm，字体高 20 mm，字体宽 8 mm，字体间距 2 mm，字体深度不得大于 0.5 mm。

(3)应对成段换轨地段建立厂焊、移动闪光焊标识与焊接接头里程的关联档案。

(4)铝热焊接头采用红漆打底、白漆打字进行标识，并做好记录、建立标识与焊接接头里程的关联档案。

6. 标识作业要求

(1)标识作业应由焊接作业组负责，后期养护由所属线路工区负责。

(2)标识作业人员应经过技术培训。

(3)标识作业前应对标识区域进行表面除锈处理,确保钢轨表面无浮锈和粘连物。

(4)如果对标识后的接头重新焊接,采用厂焊、移动焊接时,重新焊接的接头标识与原标识距离不小于 200 mm,在原标识的外侧(远离焊缝的方向),采用铝热焊接时,应取消原焊接接头标识后对重新焊接的接头进行标识。

(5)加强标识的日常和防锈维护,做到清晰、端正,保证在焊接接头下线之前可以识别。

第二节 质量控制管理

一、技术标准和作业要求

(1)钢轨焊接应严格执行铁道行业标准《钢轨焊接》(TB/T 1632.1～1632.4)和国铁集团、铁路局集团公司相关标准、技术文件、焊接工艺规程。

(2)应按照要求进行型式检验和生产检验。委托其他单位进行钢轨铝热焊接施工时,受托焊接单位应提交型式检验和生产检验报告。应对受托焊接单位提供的型式检验报告和生产检验报告进行查实。受托施工作业前,可组织受托焊接单位焊接作业组进行生产检验抽查。

(3)型式检验要组织主要操作人员连续焊接 16 个接头,委托有检验资质的第三方进行接头性能检验,型式检验报告注明委托检验单位。

(4)生产检验由段组织,按焊接作业组送检,由每个焊接作业组连续焊接 4 个接头,委托有检验能力的单位或部门进行检验,生产检验报告注明委托单位及焊接作业组人员。

(5)出现下列情况之一时应进行型式检验:

①钢轨焊接单位初次焊接铁路钢轨;

②用新型焊剂或调整工艺时;

③停产 1 年后恢复生产前;

④取得型式检验报告的时间已满 5 年;

⑤生产检验不合格;

⑥钢轨钢种、钢轨轨型之一改变,首次焊接时。

(6)出现下列情况之一时应进行生产检验:

①累计焊接 200 个接头或取得生产检验报告满 6 个月时;

②两次焊接生产间隔达 6 个月及以上;

③焊接作业组具有培训合格证书的主要焊轨人员中累计更换 2 人及以上。

生产检验应针对不同轨型、钢种、交货状态分别进行。

(7)型式检验报告、生产检验报告、焊接工艺参数表、焊接人员名单及其培训合格证(含编号和有效期)由段进行管理并及时报工务部备案。焊接作业组主要焊轨人员累计 2 人发生变动时,应更新生产检验报告和焊接作业组台账等,并上报工务部。

(8)型式检验结果不合格时,应及时上报工务部,由工务部组织进行分析整改,并重新进行型式检验。

(9)焊接作业组生产检验不合格时,由段组织进行分析整改,并组织该焊接作业组进行型式检验,合格后方可继续焊接生产。

(10)焊接质量出现较大波动时,相关单位必须上报工务部,由工务部组织进行分析整改,并重新进行检验。钢轨铝热焊接因焊接材料、工艺等原因出现质量、安全事故时，应及时向工务部报告。

(11)发现受托焊接单位的焊接作业组不能有效保证质量，应立即停止该焊接作业组焊接作业，并上报工务部。工务部组织相关单位查明原因，制定整改措施，受托焊接单位整改完毕且焊接作业组生产检验合格后方可继续进行焊接。

(12)单根插入短轨铝热焊施工作业应根据作业条件、行车条件等，按铝热焊接作业工艺要求安排天窗时间，其他综合性施工作业含有铝热焊时，应保证铝热焊作业时间。

(13)在钢轨焊接过程中，应用视频记录仪对焊接过程进行记录。视频内容应及时备份，文件名应与焊头编号一致。段主管工程师应对每个焊接作业组视频记录每月抽查不少于 1 次，并记录抽查发现问题。视频记录仪记录至少应包括以下内容：

①主要焊接人员；

②焊接使用的主要工机具、材料、气体；

③轨缝两侧的除锈质量、对轨情况、对轨后轨缝尺寸；

④焊接前后焊头两侧划线标记；

⑤从预热开始直到推瘤结束的整个过程(含预热过程中预热器气体压力)；

⑥现场完成的钢轨焊接作业记录表；

⑦接头编号、接头及两侧钢轨的表面状态。

段主管科室保存焊接视频资料，应存放在专用存储设备，确保数据安全，保存期限至焊缝下线。

(14)现场铝热焊接质量管理。落实相关焊剂的焊接参数要求，并做好如下工作：

①施工前从事焊接任务的相关车间要认真组织施工预备会，做好施工前的各项准备工作。按照分工检查焊轨所用各种机具，确保状态良好。检查焊剂型号，确保符合现场钢轨类型。

②在施工过程中必须严格按照焊接工艺流程、规定的操作步骤进行焊接，并现场如实、完整填写相关焊接记录表，有关人员应签字确认。

③焊接接头打磨后，平直度和表面质量应符合《钢轨焊接　第 1 部分：通用技术条件》(TB/T 1632.1)中相关规定，且焊接接头廓形与既有钢轨廓形一致。焊筋、焊头、轨底角附近打磨要光滑、平整，不能有棱角、毛刺，整个焊筋与钢轨结合良好无坡缝。

④重点要求。

a. 严禁在大风、雨雪等恶劣气候进行现场焊接作业。在线路上焊接时，焊接轨温低于 0 ℃禁止焊接；75 kg/m 同材质钢轨焊接时，焊接轨温低于 5 ℃禁止焊接，75 kg/m 不同材质钢轨焊接时，焊接轨温低于 10 ℃禁止焊接；放行列车时，焊缝温度应低于 300 ℃。

b. 在无缝线路地段焊接时，要求焊接后无缝线路锁定轨温在允许范围内；铺设或改造无缝道岔时，锁定轨温要结合道岔前后无缝线路的锁定轨温一并设计，且锁定轨温在允许范围内；无缝道岔更换基本轨、辙叉等部件时，宜在锁定轨温范围内焊接锁定；以上如不在锁定轨温范围内，可采取冻结接头处理或在焊接后及时放散调整。

c. 较低温焊接时(轨温低于 15 ℃)，推凸后必须采用保温箱、石棉被等措施覆盖焊接接头保温不少于 10 min；不同钢轨材质焊接时，推凸后必须采用保温箱、石棉被等措施覆盖焊接接头保温不少于 20 min；焊接 U78CrV 钢轨时，推凸后保温不少于 15 min。

d. 对焊接过程中钢轨预热过程、焊后打磨前及放行列车前等温度控制，除按规定时间卡控外，还须使用红外线测温仪测量轨温并记录，保证在合理范围内。确保严格执行工艺要求的温度。

e. 焊剂反应完成后，如果钢水没能从坩埚中释放出来，必须让钢水在坩埚中冷却 20 min 后才能移动坩埚。

f. 焊轨现场要备好不短于 6 m 的备用轨及夹板、接头螺栓、急救器等相关应急装备。

g. 焊接过程中严禁拉伸钢轨、撞轨、起道等扰动钢轨的作业。

h. 焊接接头处要保持无翻浆、空吊、厚板、扣件离缝、下炕等病害，如发现此类问题应及时整治。

i. 铝热焊缝距轨枕边缘不得小于 100 mm。

j. 当日施工焊接天窗内打磨不符标准的焊缝接头，应尽快安排再次精打磨。

k. 做好钢轨焊接及打磨环节的作业、人身、防火等安全工作。

(15)焊接记录填写、保存。

按规定格式认真填写"铝热焊焊接记录表"，要求数据记录实时、准确。焊接接头地点以"左股、右股"来区分，双线以列车运行方向，左手为左股、右手为右股；单线面向大里程方向，左手为左股、右手为右股。如有影响焊接质量等不利因素需在备注说明，并告知所在线路车间确认。纸质"铝热焊焊接记录表"一式两份，工务段焊轨班组所属工区一份，线路车间一份，填写完成的"铝热焊焊接记录表"由焊轨班组所属车间每日焊接完成后拍照传工务段线路技术科及探伤车间留存，纸质及电子记录保留至焊缝下线。大修段由焊轨班组每日焊接完成留存换轨车间，每月上传段线路科存档，纸质及电子记录保留至焊缝下线。

(16) 焊接及检测设备管理。

①基本要求

a. 应建立焊接及检测设备管理制度，明确规定组织机构与职责、前期管理和基础管理等内容，明确设备使用与保养、设备修理、更新改造、安全管理等要求。

b. 主要设备应有充足的备件，备件应建账管理。

②设备使用管理

a. 钢轨焊接设备是影响钢轨焊接质量的关键因素，其质量必须满足要求。

b. 应制定完善的厂焊、移动焊接及铝热焊接等设备管理细则，按照相关规定，认真对生产设备进行维修和保养，保证设备处于完好状态。

c. 特种设备、试验设备需经国家主管部门按期检定并取得检定合格证书方可使用。

d. 设备、备品及备件要做到账、物及存放位置(账卡物)相符，标识清晰。存放环境整洁，符合相关要求。进口设备宜使用原厂配件，以保证设备精度、标准。

e. 硬度计、平直尺、轨廓测量仪、测温仪等计量设备及器具必须按计量管理规定进行技术鉴定及检验。

③设备检修管理

a. 应根据产品的更换、检修标准对焊接主要设备进行检修并更换。

b. 焊轨基地加强钢轨焊接设备的检修，实行设备检修质量责任制，并对检修质量进行三级验收，即承修人自验、车间初验、段验收的制度。

c. 厂焊、移动闪光焊应制定焊机电极、对中臂、推凸刀、热处理加热感应器及喷风装置等关键部位的检查、维修、更换标准。

d. 铝热焊相关设备加强日常保养和检修，使其保持良好状态。

二、铝热焊接记录

“铝热焊焊接记录表”见表 4-2。

表 4-2　铝热焊焊接记录表

焊接日期	年　月　日	焊接时间		天气情况及气温	/　℃
焊接钢轨材质	/	焊接接头标识		作业前、后轨温	℃ /　℃
轨　型		钢轨厂家		钢轨交货状态	热轧/热处理
焊缝地点	线　行　站至　站间(内)　km+　m，股(　号道岔　位置)				
待焊钢轨尺寸差值	高低　mm　左右　mm	待焊接头轨端距轨枕最近距离			mm
操作时间	时　分至　时　分			氧　气	低压　MPa
焊前轨缝	上　mm下　mm	尖点起拱量	mm/m	燃　气	类型： 低压　MPa
预热时间	分　秒	预热后轨温	℃		
镇静时间	分　秒	对 轨 者		焊剂种类(法、德)	
反应时间	分　秒	计 时 者		焊剂标签	
浇注时间	分　秒	装卡砂型者		焊剂型号	
拆砂型时间	分　秒	预 热 者		预热后轨头轨温	℃
推凸时间	分　秒	推 凸 者		放行时焊头轨温	℃
插入轨长	m	打 磨 者		验 收 人	
焊接负责人		记 录 者		保温时间	分　秒
焊接接头 打磨后平直度 (1 m直尺)	轨顶面垂直方向偏差：______弧面：　mm ______弧面：　mm；______弧面：　mm			焊缝廓形与两侧钢轨一致，要求用廓形尺、塞尺测量，对比偏差不大于 0.2 mm	对比偏差　mm
	工作边偏差		mm		
打磨后表面质量(目视检查是否有裂纹、气孔、明显压痕、划痕、碰伤、电极灼伤、打磨灼伤等伤损；焊筋表面是否有夹渣、气孔侵入钢轨)；采用 200 mm 直尺检验焊缝中心 1 m 范围内任意轨顶面表面不平度不大于 0.2 mm					
备　注					

注：(1)距钢轨中心线内侧为正、外侧为负，−10～10 mm 范围对应 *R*300 弧面(60 kg/m 轨)、*R*500 弧面(75 kg/m 轨)、*R*200 弧面(60N、75N 轨)，10～30 mm 范围对应 *R*80 弧面(60 kg/m、75 kg/m 轨)、*R*60 弧面(60N 轨)、*R*50 弧面(75N 轨)，30～35 mm 范围对应 *R*13 弧面(60 kg/m 轨)、*R*15 弧面(75 kg/m 轨)、*R*16 弧面(60N、75N 轨)。

(2)焊缝廓形与距焊缝中心两侧各 500 mm 范围内母材廓形比较。

第三节　基础资料管理

一、焊接接头运用维护管理

(1)应完善焊接接头运用维护管理制度，在建立健全各种台账、记录的基础上，按季度进行诊断评价，不断提高焊接接头管理水平。

(2)焊接接头标识。为加强钢轨焊接信息化管理,实现焊接质量追溯,应做好钢轨焊接接头标识工作,焊接接头标识按《钢轨焊接接头标识规则》规定执行。

(3)焊接接头建账管理。

①工务段线路技术科、各线路车间及探伤车间负责对焊接接头台账进行建账管理。工务段线路技术科负责每季度核实、更新铝热焊、闪光焊焊接接头台账,台账格式按规定执行。

②工务段每季度初月份 5 号前将上季度更新的焊接接头台账报工务部。

③大修段更换长轨施工,由大修段填写焊接记录、检查记录并建立焊接接头台账,移交竣工资料时一并移交设备单位。

(4)焊接接头探伤检查。

①新焊缝焊接完成后在 24 h 内完成首次全断面探伤和平直度检查作业。线上在役焊接接头按探伤管理相关办法规定周期进行探伤,探伤后填写探伤记录,记录保存时间不得少于两年。探伤发现焊接接头重伤时,应及时组织加固处理或实施焊复。焊接接头加固按规定要求执行。

②焊接接头探伤管理流程。

a. 技术主管负责督导落实钢轨焊接、焊缝探伤各环节工作。安全调度指挥中心应负责统计每日焊轨完成及焊缝探伤完成情况。

b. 工务段线路技术科主管负责审核、下达给焊轨班组所属车间、探伤车间及管辖线路车间的钢轨焊接计划(可电子版),各部门留存焊接计划两年,探伤车间针对焊接计划制定焊缝探伤计划并报线路技术科审核。

c. 探伤车间安排探伤后将探伤记录电子版记录反馈给线路技术科一份,电子版记录保留不少于两年。

d. 应加强钢轨焊接及焊后探伤工作的检查、验收,结合各项检查仔细查找存在的问题,并对问题责任部门进行严肃考核。

(5)焊缝质量诊断评价。

①钢轨焊接工作要实行异体监督制度,工务段对大修段施工的大修换轨地段要在完工后 3 个月内对所有的焊缝(包括厂焊、移动焊及铝热焊焊缝)按《钢轨焊接》(TB/T 1632.1～1632.4)平直度标准进行检查,检查出的不达标焊接接头要将具体检查结果反馈给大修段并报工务部,大修段接到反馈报告应及时到现场复核,对确有质量问题的焊接接头,大修段必须立即进行处理,如果大修段在时间或人员安排上有困难,可与工务段协商,委托工务段进行处理并将所需费用支付给工务段。工务段应及时采取措施进行处理,不允许线上存在不合格钢轨焊接接头。在大修换轨地段完工后 3 个月内,若工务段没有按要求对焊缝进行检查或未将检查结果反馈大修段及上报工务部,不符合标准的焊头由工务段负责。

②厂焊实行驻厂验收、用户回访制度。驻厂验收是指在钢轨厂内焊接前一周内,大修段通知相关工务段派驻焊轨基地质量验收员,质量验收员认真履行驻厂验收职责,严格检查厂内钢轨焊接质量,工务段驻厂验收员须在长轨出厂合格证上签认,不符合标准的产品不准出厂。用户回访是指钢轨接头上线后,大修段至少进行一次接头现场使用情况回访,并由工务段出具回访意见,掌握厂焊接头产品质量和现场反映,不断提高焊接质量和服务水平。

③为评价接头质量稳定性,大修段、工务段每月对单位新焊接头质量进行抽检(按规定格式填写),对存在的管理及质量问题纳入相关考核。

a. 厂焊接头，厂内每月抽检数量：当月生产总数的 10%；换轨施工期间，现场每月抽检厂焊接头不少于 30 个。

b. 移动闪光焊、移动气压焊接头，每月抽检不少于 8 个。

c. 铝热焊接头，工务段每月抽检不少于 10%，大修段每月抽检不少于 10 个。

每月新上线各类焊接接头数量小于上述抽检数量的本月可不进行抽检。

工务部每季度上线抽检不少于 3 km 的大修地段焊接接头；每季度上线抽检不少于 50 个铝热焊接头。

④厂焊、移动闪光焊接头上线后应保证在该地段钢轨大修周期内不发生折断；铝热焊接头上线应保证 2 年内不发生折断。对上线的焊接接头达不到规定使用年限而发生折断的，经分析确属因焊接质量有缺陷导致的，视情节进行定责并纳入相应考核。

⑤工务段、大修段应逐级建立完善的焊接质量保证体系和质量跟踪制度，加强质量管理和质量控制，切实保证焊接质量良好。

⑥每季度对管内各焊轨班组焊接质量进行评价分析，包括焊接轨温、伤损情况、焊接平直度及表面质量等情况，并按规定格式进行记录，对较差的焊轨班组进行相应考核，每年年底对管内焊接情况进行总体评价总结，具体流程及考核办法应细化并下发。

(6)工务段做好日常检查及养护。焊接接头必须保证在规定平直度范围内，对正线钢轨现场焊接焊缝表面质量及平直度，每年检查不少于 1 遍；对低塌达到轻伤的焊接接头，每季度检查不少于 1 遍，并按规定格式进行记录，出现超限必须及时安排整治。

二、铝热焊接头管理台账

“铝热焊接头管理台账”格式见表 4-3。

表 4-3　铝热焊接头管理台账

序号	地点		行别	轨号/道岔号	具体位置	股别	曲线上下股	钢轨轨型	钢轨材质	焊接日期	焊接轨温	焊接接头标识	焊剂种类	焊剂型号	探伤日期	是否加固	伤损情况	伤损程度	接头处理方式	使用时间(月)	备注
	线名	车站																			

注：(1)地点一栏，如果是正线填写线名，如果是到发线、站线等填写车站名称，如果是站内线路第 5 列写轨号；如果是道岔填写道岔编号。

(2)具体位置一栏，如果是正线填写实际里程(样式为 16.500)，如果是到发线、站线等填写股道号(样式为 6 道)；如果是道岔填写道岔部件位置，如直尖跟、叉心前直、道岔前后等。

(3)钢轨轨型填写 75、60、50 等。钢轨材质填写 U71、U75、U78 等，如果是两种不同材质钢轨焊接时，填写如样例 U71/U75、U75/U78、U71/U78 等。焊剂种类填写法焊、德焊等。

(4)焊接、探伤日期填写样式为 2009.1.3。焊接轨温填写焊接前后的，格式为“焊前轨温/焊后轨温”，只写数值。

(5)伤损情况包括探伤情况及人工检查情况。伤损程度填写轻伤、重伤、折断。

(6)接头处理方式填写更换、加固、巡视、看守等。

(7)每个焊接接头填写一行。

三、焊接接头加固及要求

(1)加强加固焊接接头用臌包夹板制作工艺控制，制作出的臌包夹板要顺直，孔眼位置及间距符合标准夹板尺寸，与钢轨接触工作面保证平顺，臌包圆弧圆顺，表面及螺栓孔位置无裂纹无毛刺。

(2)钻孔位置必须正确标准，螺栓孔必须倒棱(1 mm×45°)。

(3)加固时必须做到夹板平直，全部入槽，上齐 4 条接头螺栓，接头螺栓采用 10.9 级以上高强度螺栓，扭矩不少于 900 N·m。穿孔时应较自由的穿入，不许强制打入孔中。

(4)凡加固接头严禁存在“三抗”，即严禁螺栓抗眼、夹板抗焊道、轨枕抗焊缝。

四、焊接接头外观质量抽检

焊接接头外观质量抽检表见表 4-4。

表 4-4　____段____年度焊接接头外观质量抽检表(　月份)

序号	焊接接头标识	轨顶面平直度(mm)			工作边平直度(mm)	焊缝与两侧钢轨光带偏差(mm)	焊缝廓形与母材廓形偏差值		表面质量	抽检日期	线名(车站及道岔编号)	行别	里程	测量工具(电子平尺、钢板尺等)	焊接方式(厂焊、移动闪光焊、移动气压焊、铝热焊)	轨型	抽检人
		*R*300/500/200 弧面	*R*80/60/50 弧面	*R*13/15/16 弧面			10 ℃～−10 ℃	−10 ℃～−45 ℃									

注：(1)距钢轨中心线内侧为正、外侧为负，−10～10 mm 范围对应 *R*300 弧面(60 kg/m 轨)、*R*500 弧面(75 kg/m 轨)、*R*200 弧面(60N、75N 轨)，10～30 mm 范围对应 *R*80 弧面(60 kg/m、75 kg/m 轨)、*R*60 弧面(60N 轨)、*R*50 弧面(75N 轨)，30～35 mm 范围对应 *R*13 弧面(60 kg/m 轨)、*R*15 弧面(75 kg/m 轨)、*R*16 弧面(60N、75N 轨)。

(2)焊缝光带、廓形测量范围：焊缝中心两侧各 500 mm。测量焊缝廓形与母材廓形偏差值时，采用廓形尺、塞尺或轨廓仪测量焊缝与两侧母材在 10 ℃～−10 ℃、−10 ℃～−45 ℃最大偏差值。

(3)表面质量(检查是否有裂纹、气孔、明显压痕、划痕、碰伤、电极灼伤、打磨灼伤等伤损；焊筋表面是否有夹渣、气孔侵入钢轨)：采用 200 mm 直尺检验焊缝中心 1 m 范围内任意轨顶面表面不平度不大于 0.2 mm。

五、铝热焊接质量诊断评价

铝热焊焊接质量诊断评价表见表 4-5。

表 4-5 ____段____年__季度铝热焊焊接质量诊断评价表

序号	焊轨班组名称	焊接完成情况			焊接轨温度及伤损情况																		平直度及表面质量情况		
		季度(年度)焊接数量	其中		0 ℃～10 ℃范围内				11 ℃～20 ℃范围内				21 ℃～30 ℃范围内				30 ℃以上范围内				总伤损数量	总伤损率(%)	顶面及工作边平直度达标数量	表面质量达标数量	焊缝与两侧钢轨光带偏差 5 mm 及以上数量
			法焊数量	德焊数量	焊接头数	轻伤数	重伤数	伤损率(%)	焊接头数	轻伤数	重伤数	伤损率(%)	焊接头数	轻伤数	重伤数	伤损率(%)	焊接头数	轻伤数	重伤数	伤损率(%)					
合计																									

注：焊缝光带测量范围为焊缝中心两侧各 500 mm。

六、焊接接头平直度及表面质量检查记录

焊接接头平直度及表面质量检查记录表见表 4-6。

表 4-6 焊接接头平直度及表面质量检查记录表

序号	检查日期	焊接接头标识	线名(车站及道岔编号)	行别	具体位置	股别	轨顶面平直度(mm)			工作边平直度(mm)	焊缝与两侧钢轨光带偏差(mm)	表面质量	检查人	轨型	备注
							*R*300/500/200 弧面	*R*80/60/50 弧面	*R*13/15/16 弧面						

注：(1)焊接接头平直度、表面质量及光带偏差等按规定检查，对存在问题及超限处所应及时安排整治。

(2)距钢轨中心线内侧为正、外侧为负，−10～10 mm 范围对应 *R*300 弧面(60 kg/m 轨)、*R*500 弧面(75 kg/m 轨)、*R*200 弧面(60N、75N 轨)，10～30 mm 范围对应 *R*80 弧面(60 kg/m、75 kg/m 轨)、*R*60 弧面(60N 轨)、*R*50 弧面(75N 轨)，30～35 mm 范围对应 *R*13 弧面(60 kg/m 轨)、*R*15 弧面(75 kg/m 轨)、*R*16 弧面(60N、75N 轨)。

(3)焊缝光带测量范围：焊缝中心两侧各 500 mm。

(4)表面质量(检查是否有裂纹、气孔、明显压痕、划痕、碰伤、电极灼伤、打磨灼伤等伤损；焊筋表面是否有夹渣、气孔侵入钢轨)：采用 200 mm 直尺检验焊缝中心 1 m 范围内任意轨顶面表面不平度不大于 0.2 mm。

第五章　铝热焊接典型问题

第一节　铝热焊接缺陷

一、钢轨焊接缺陷种类

因焊接设备、焊接材料、气温条件和操作工艺等因素都会影响焊接质量，在焊缝内产生缺陷。焊接缺陷的种类、特征、形成原因和危害性见表 5-1。

表 5-1　钢轨焊接缺陷

焊接方式	缺陷名称	特　征	产生部位	形成原因	危害性
闪光焊	灰斑	暗灰色平滑，有时有放射性条纹的片状夹杂物	焊缝的任何部位，其中轨底角边居多	焊接时间短，次级电压高，连续闪光发生中断，顶压力小等造成	大大降低焊缝的疲劳强度和韧性，极易造成断轨
	裂纹	开口性斜裂和焊缝中暗裂	多发生在焊缝腰部和热影响区	可焊性差和端面切割不良或存在重皮等	垂直和斜向折断
	烧伤	轨面和轨底的钳口部位存在烧伤痕迹	离焊缝中心 130～330 mm 区域	钳口部位不洁，通电后电阻加大或加热时间过长等	脆性折断或烧伤引起横向裂纹
	未焊合	断口呈暗灰色，平整有毛刺	轨头中心、轨底三角区	加热温度低、顶煅量不够等	降低焊缝的疲劳强度和韧性，易造成断轨
气压焊	光斑	断口表面呈银灰色却平滑，手感不涩手	焊缝的轨头和轨底部位	温度低或顶锻力不足，造成钢轨接触面的不连续性。火焰不正常，出现回火、放炮等导致端面污染和氧化等	减少钢轨的有效截面积，在其缺陷边缘应力集中，极易折断
	过烧	断口呈暗色，松散的微粒状组织	两轨底角和轨头与轨腰接合处的凸出量部位	主要是加热温度过高，在钢轨表面产生松散的微粒组织等	塑性减弱，脆性增大，存在轨底角两端，很易折断
	未焊合	断口呈暗灰色，平整有毛刺，在毛刺之间有平滑的微小白斑	焊缝的任何部位	端面不洁，间隙过大，顶端量过小，顶端过焊，或加热器火焰不正，摆动量不均匀等	与光斑危害相似
铝热焊	夹渣	断口处存在不规则体积型夹杂，一般呈暗灰色	任何部位	打塞（钉）过早，使未上浮的熔渣、氧化皮及夹杂物进入焊缝等	焊接质量良好，铝热焊接头的屈服强度只有母材的 70%左右，如果存在缺陷其强度明显下降，尤其低温季节，接头本身受到巨大的温度拉应力，再加上列车动弯应力的联合作用，铝热焊接头最易引起折断
	气孔	气孔大小不均，有单个或蜂窝状气孔群体	任何部位	焊接工艺不当，渗水、漏油，轨端端面不洁或焊剂受潮等	

续上表

焊接方式	缺陷名称	特　征	产生部位	形成原因	危害性
铝热焊	夹砂	焊缝中可见细小的砂粒	多数存在于轨底角两侧	砂模封口不准，使混入溶液中的沙粒无法溢出等	焊接质量良好，铝热焊接头的屈服强度只有母材的70%左右，如果存在缺陷其强度明显下降，尤其低温季节，接头本身受到巨大的温度拉应力，再加上列车动弯应力的联合作用，铝热焊接头最易引起折断
	缩孔	断口呈暗灰色的空穴	浇注部位或端面中心	预热不够或浇注口散热过快，导致溶液的凝固收缩等	
	疏松	多孔性和不致密，似海绵状，呈银白色	轨底三角区	溶液凝固时，因体积收缩或气体上浮造成晶间空隙等	
	未焊合	断口呈未熔合状态，平整	轨底角两侧居多	预热温度不够，焊缝间隙不一等	
	裂纹	焊缝与母材的不连续性	焊缝与母材间	焊接时冷热分布不均匀或加热时金属体积改变，组织应力破坏等	

二、铝热焊接缺陷种类

铝热焊接钢轨由于在操作上主要是采用铸造工艺达到焊接的目的，因此所形成的缺陷多是铸造缺陷。在焊缝处所形成的主要缺陷有缩孔、疏松、气孔、夹砂、粘砂、夹渣、热裂、未焊合及螺栓孔裂纹等。另外，还有施工不当造成的预热过度、过早推瘤、钢水泄漏、裂纹等缺陷。

三、铝热焊接缺陷形成原因

（一）缩孔和疏松

1. 定义

高温钢水在冷却及凝固过程中，不仅有线收缩，还有体积收缩（液态收缩），体积收缩是引起缩孔的主要原因。图 5-1 所示为金属在冷却及凝固过程中比容的变化，由于有这种体积的变化，因此在没有外来钢水补缩的情况下，就会在焊缝中温度最高的部分，也就是最后凝固的部分（一般称为“热节”）形成集中孔穴，这就是缩孔，如图 5-2 所示。

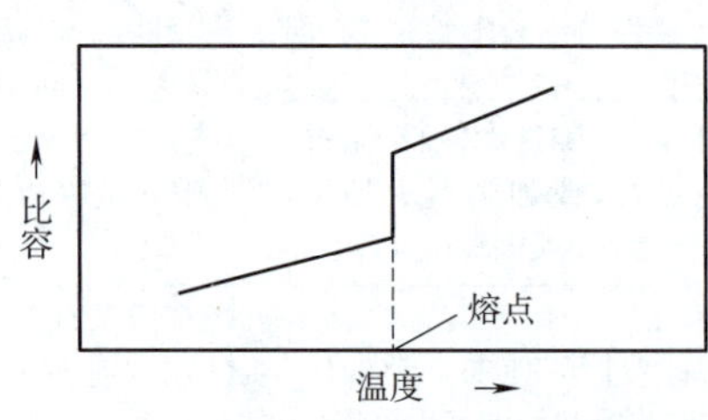

图 5-1　纯金属的比容与温度的关系

图 5-2　缩　　孔

图 5-3 是在凝固过程中缩孔形成的示意图。图中 S 表示缩孔，S_1、S_2、S_n 表示随着凝固的进行，缩孔位置和大小的变化。细小而不连贯的缩孔，比较均匀地分布在焊缝的局部范围内称为疏松，如图 5-4 所示。疏松其内表面是不光滑的，疏松导致焊缝组织不致密现象。

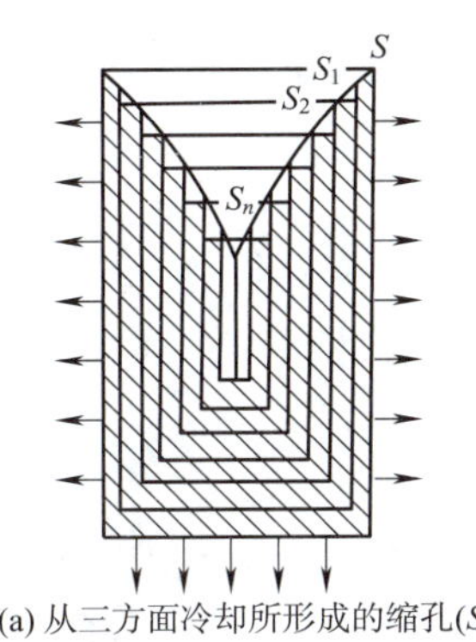

(a) 从三方面冷却所形成的缩孔(S)

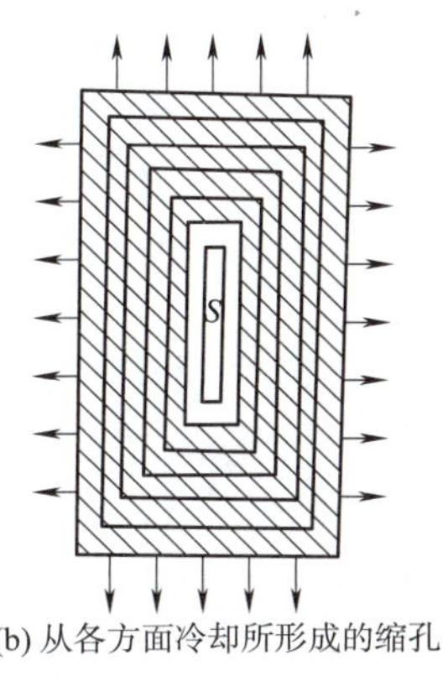

(b) 从各方面冷却所形成的缩孔

图 5-3　在凝固过程中缩孔形成的示意图

图 5-4　疏　　松

2. 形成原因

(1)由于浇注系统违背顺序冷却的原则，使液态收缩后得不到钢水的补充，因此形成孔穴。

(2)预热时间过长。

(3)局部高温，有过热现象。特别是轨腰及轨底角部分有局部过热现象。

(4)预热枪或砂模装偏，位置不居中，形成一侧有过热现象。

(5)轨缝过大。

3. 产生部位

缩孔一般易发生在焊缝中心处的轨腰(预热温度最高)及轨底中央三角区(最后凝固，易形成集中疏松)等部位。

缩孔产生在焊缝中最后凝固的部分，铝热焊接钢轨的焊缝形状是随工艺方法的不同和浇注系统的改变而有所不同的，由于焊缝形状不同，所以焊缝中缩孔的位置也有变动。图 5-5 所示为采用预热法侧顶浇注系统时的焊缝形状，由于轨腰焊缝熔化面较大，当预热温度过高时，将使轨腰温度超过轨头温度，使轨腰焊缝处最后凝固，由于得不到来自轨头焊缝钢水的补缩，最后在轨腰焊缝中心处形成集中缩孔。这种焊缝由于钢轨导热较型砂快，焊缝内的结晶和凝固方向是由钢轨表面至焊缝中心，因此缩孔一般位于焊缝纵剖面的对称中心上。有时由于预热不正常，某部位温度过高(一般容易在预热孔对面的轨腰或轨底角处)，在得不到外来钢水补缩的情况下，也会有缩孔出现。

在焊缝内的疏松，则容易在轨底中央部分产生，形成一个疏松三角形，如图 5-6 所示。这是由于在轨底焊缝凝固时，结晶方向是垂直于型壁进行的，中央是最后凝固的部分，因此在补缩不良的情况下，轨底中央部分容易形成集中疏松。

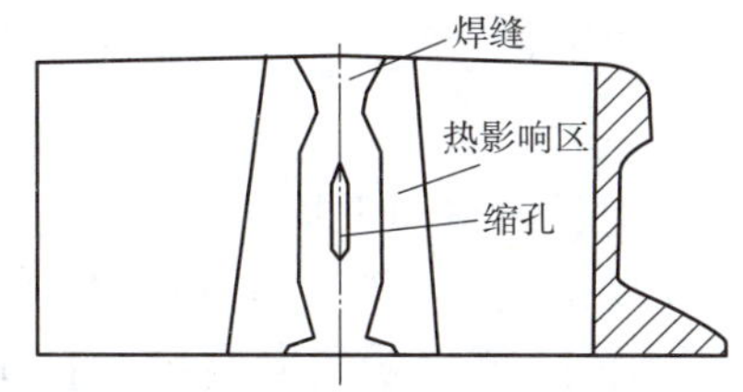

图 5-5　轨腰焊缝形状和缩孔部位示意图

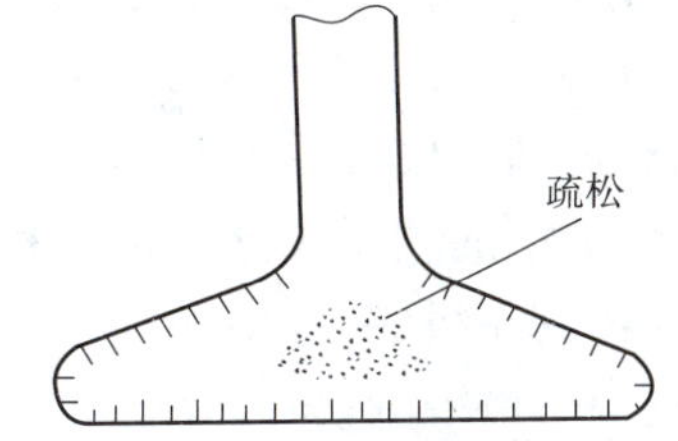

图 5-6　轨底焊缝中央部分形成的疏松

4. 危害

缩孔和疏松对钢轨焊缝的强度，都会产生不良的影响。缩孔的表面由于存在着树枝状结晶，在交变负荷作用下，起到疲劳核心的作用，容易由该处开始引起疲劳断裂，这种由轨头焊缝内的缩孔引起的疲劳断裂，以轨头缩孔为核心形成起始断裂区（轨头断口处的光滑区域）。疏松是由细小分散的孔穴组成，其内表面也是不光滑的，疏松也是引起疲劳断裂的一个重要原因。对于由轨头焊缝疏松引起的疲劳断裂，在轨头焊缝先形成一个起始断裂区（光滑区域部分）后，最后引起整个焊缝折断。

5. 预防措施

为了消灭缩孔及疏松现象，首先应该选择及设计合理的铝热焊接钢轨的浇注系统。例如，自轨底至轨头应力求做到顺序凝固，以使轨顶冒口充分起到补缩作用；正确设置轨缝；预热枪和砂模定位正确；严格控制预热工艺（时间和压力），如预热时间适当、预热器火焰长度适中，避免各部分特别是轨腰及轨底角部分有局部过热现象，不得将轨端烧化。在浇注后立即清理轨腰箱带处的堵口砂，以加速轨腰冷却等措施，均有助于防止缩孔和疏松的产生。

（二）气　孔

气孔是铝热焊铸造组织中最常见的缺陷之一。

1. 定义

气孔是焊缝在凝固过程中产生和放出气体所形成。气孔表面是光滑的，一般呈圆形，如图 5-7 所示。

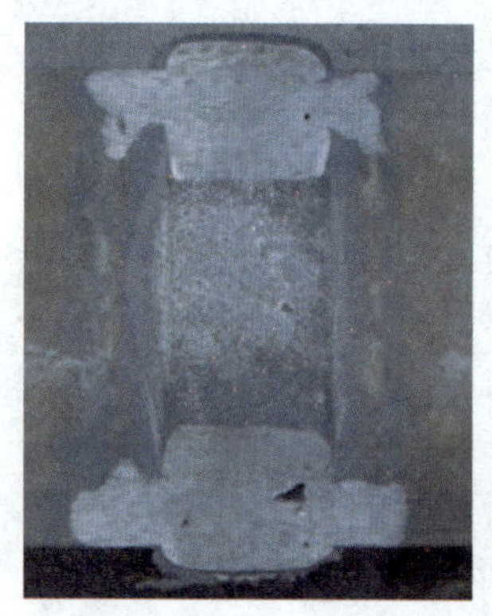

图 5-7　气　孔

2. 形成原因

铝热焊接钢轨焊缝中的气孔，按其生成原因可以分为铝热钢质量不良和铸造及预热工艺不合理两方面。

(1)铝热钢质量不良引起的气孔

①铝热焊剂的成分及配比不当

铝热焊剂中的主要成分是铝粉和氧化铁。铝粉和氧化铁不仅应严格按一定的比例进行配合，而且各自的原料成分（铝粉中主要是金属铝的含量，氧化铁中主要是 FeO 含量以及硫、磷的含量）也应严格控制，只有这样才能保证按一定工艺操作下，经过铝热反应所产生的钢水，在化学成分、脱氧、夹杂物含量等方面都是合格的。这样才可保证铝热钢在浇入铸型后，不会由于脱氧不良等问题而在铸型内产生气孔。

如果铝热焊剂中铝粉和氧化铁的配比不适当，例如铝粉的含量不足以将焊剂中的氧化铁全部还原，则过剩的氧化铁将与钢中的碳以及合金铁中的碳反应生成气体。举其中的两个反应表达式如下：

$$C+FeO \rightarrow Fe+CO\uparrow$$

$$Fe_2O_3+3C \rightarrow 2Fe+3CO\uparrow$$

这种反应在钢水注入铸型后仍会发生，因此会在焊缝中造成气孔。

为了防止这种气孔的产生，铝热焊剂中铝的含量应足以将氧化铁全部还原，并有适量的铝进入钢内，以改进钢的晶粒度，但是焊剂中的铝也不能过量，否则过量的铝溶解在金属内，也会使钢的性能变坏。

②焊剂受潮

铝热焊剂在使用前如果放置时间过长，吸收了空气中的水分，或者在操作时使焊剂内带入水分，则在进行铝热反应时，在高温下由于焊剂中的水分分解产生气体，被带入焊缝产生气孔。

③焊剂中有油

铝热焊剂在生产过程中或在使用中带入油质，在铝热反应的高温下，这些油质燃烧变成气体，进入焊缝内形成气孔。

④自动脱塞或镇静时间不够

在坩埚内进行的铝热反应，在没有完成前就自动脱塞(即未到打钉时间就自动浇注)，使铝对氧化铁的还原作用不充分，在进入铸型后，铝热钢中的氧会继续与钢中的碳作用，生成的气体来不及排出，形成焊缝内的气孔。

同样，如果在坩埚内的反应镇静时间不够，或铝热反应不充分，浇入砂型后也会由于反应未完全，在焊缝内形成气孔。

(2)铸造及预热工艺不合理引起的气孔

①型砂配比不当

铝热焊所用的型砂配比主要指型砂与黏结剂的配比；配合比不适当直接影响到型砂的透气性以及湿态和干态强度。型砂透气性不良，使钢水注入铸型后，型砂中的气体不能及时排出，形成气孔。为了提高型砂的透气性，要求黏结剂具有较高的黏结力，这样可以在用黏结剂最少的情况下，获得一定的型砂强度，由于黏结剂用量减少，有利于型砂透气性的提高。

②型砂含水量

由于封箱泥过多、过湿或砂模潮湿，砂型或封箱泥中的气体不能及时排出，在焊头中形成气孔。

型砂含水量不仅对型砂的干、湿强度有影响，而且对形成气孔是有直接影响的。封箱砂太湿，水分会渗透到焊缝中，在高温下分解而形成气孔。特别值得注意的是，如果坩埚出钢口损坏，绝对不能用封箱砂进行修复，由于封箱砂干、强度低而且含有水分，不仅会造成气孔，还会造成夹砂。

③预热温度过低

铝热焊接钢轨就铸造工艺来说，既包含有砂型铸造的性质，同时也具有金属模铸造的特点。在不接触钢轨的一侧为砂型铸造，在接触钢轨的一侧则带有金属模铸造的特点，因此对于钢水所接触到的钢轨面要进行预热。特别是轨底预热温度不能过低，否则钢水容易凝固使气体不易排出，一般预热温度低容易在轨底两角产生气孔，因为轨底两角是型腔排气的死角。因此，无论从焊接方面或是从防止产生气孔方面看来，都必须使钢轨有良好的预热。

④预热后至浇注前停留时间过长

钢轨预热达到要求的温度后，拔掉预热器，封闭预热孔、出火孔及回火孔，点火浇注，在浇注前这段停留时间如果过长，同样会降低钢轨的预热温度，易使轨底两角产生气孔。也就是说预热到浇注前时间超过 30 s，使预热后温度降低，也容易在轨底两角产生气孔。

⑤其他原因

分流塞不干净，有铁锈、油污或水分；坩埚浇注口经多次使用后冲刷过大，增加了钢水的浇注速度，使铸型的排气情况变坏；坩埚烘烤不干等都容易引起形成气孔；待焊钢轨端面清洁不彻底，有水渍或油污。

3. 产生部位

气孔按其生成的部位，又可分为内部气孔和皮下气孔两种。内部气孔主要是由于铝热钢质量不良引起，这种气孔在焊缝整个断面内均可出现，气孔尺寸有时可以很大。皮下气孔一般紧靠表皮下产生，有时连通大气，主要由于铸造及预热工艺不合理所引起，这种皮下气孔一般在轨底及轨底两侧斜面上容易产生。

4. 预防措施

(1)严格执行预热工艺，钢轨预热温度需达到规定要求，排除砂模和钢轨中的湿气。

(2)不要太早将焊药倒入坩埚。掌握好将焊剂倒入坩埚的时间节点，准备好高温火柴，预热完毕后，立即放置坩埚，点火浇注。

(3)严格防止焊接材料受潮。如果天气潮湿，要把材料盖好。

(4)防止降温太快。

(5)彻底清洁待焊钢轨的两个端面。

(6)封箱泥不得太湿，涂抹不宜过多。

(三)夹　　砂

1. 定义

夹砂是由于砂模在安装时或浇注过程中被损坏，使型砂进入焊缝内而造成的，如图 5-8 所示。如砂型及其耐火材料的碎屑；一次性坩埚的夹砂物主要是氧化铝与硫化锰的混合物等进入钢水。

图 5-8　夹　　砂

2. 形成原因

(1)砂箱一次没有扣准，砂型在移动过程中被损坏掉入型腔内。

(2)配砂不合理，型砂强度低，在浇注过程中由于砂型破裂或表层脆层引起。影响砂型表面破裂或脱层的因素有：

①型砂中由于石英相变引起膨胀，产生型壁表层开裂或脆层形成夹砂。

②在钢水的高温作用下，型壁表层水分迅速向内迁，在型壁内层形成高水层，使型砂强度

降低，在表层石英膨胀应力和钢水压力下产生脱层造成夹砂。型壁高水层强度减弱过程与黏结剂的性质有关，采用膨润土作为黏结剂，由于其吸水能力比一般耐火黏土大，对于减少夹砂是有利的。

(3)由于浇注系统设计不合理，钢水在型腔内流动不平稳，使砂型经受冲刷作用较大引起夹砂。

(4)砂型捣固过松。

(5)砂型水分控制不良，特别在夏季应注意湿模砂砂型水分的挥发，砂型表层水分风干后强度降低易于落砂。

(6)砂型清洁不好，在磨合后未用毛刷清除掉浮砂。

(7)有碎屑等杂质进入型腔中。

(8)由于过热，使砂型中的砂子变成玻璃状，挤入熔合区。

3. 预防措施

(1)砂型研磨后彻底清理型腔内的浮砂。

(2)在进行作业时，严禁将异物落入到型腔内。

(3)砂型合箱后如有错位，必须重新打开砂型，清理型腔内部。

(四)粘　砂

粘砂和型砂质量有直接关系，粘砂使焊缝表面质量变坏，虽然一般不会直接引起报废，但由于表面质量不良，特别是轨底焊缝表面粗糙不平，对于焊缝的疲劳强度是有不利影响的。引起粘砂的原因主要有三方面：

1. 热力粘砂

由于型砂耐火度低，当高温钢水浇入铸型后，型砂表面局部熔化，冷却后形成粘砂。铝热焊接钢轨预热过程中，有时局部预热温度过高使型砂熔化，浇注后也会形成粘砂。热力粘砂与型砂的耐火度有直接关系，主要应提高型砂中的 SiO_2 含量，降低低熔点物质的含量。

2. 机械粘砂

当钢水与型壁接触时，钢水钻入型壁砂粒间的孔隙而成，这主要与钢水的表面张力对型砂的浸润角、型砂粒度、浇注温度、砂型紧实度等有关。在固定使用焊剂的情况下，工艺上要注意型砂粒度不要过粗(一般 60～100 目即可)，造型时砂型捣固要有一定的紧实度。

3. 化学粘砂

由于钢水的氧化物和石英、膨润土之间的化学作用产生的粘砂。

(五)夹　渣

夹渣是铝热焊铸造组织中常见的缺陷之一。

1. 定义

夹渣的形成是由于熔渣进入焊缝而造成，如图 5-9 所示。如未能全部熔化的金属块或混入钢中的其他金属；在进行铝热反应中，熔渣未及时上浮冲走而进入型腔，黏附在钢轨表面被凝固，形成夹渣。

2. 形成原因

(1)当坩埚内进行铝热反应时，熔渣从坩埚中喷出进入型腔，黏附在钢轨表面，而后钢水进入型腔不能把这部分熔渣冲走上浮，就造成了夹渣。

(2)镇静时间不够，反应未完成就浇注，在型腔内继续反应生成熔渣，由于凝固快，熔渣来不及浮出就形成夹渣。

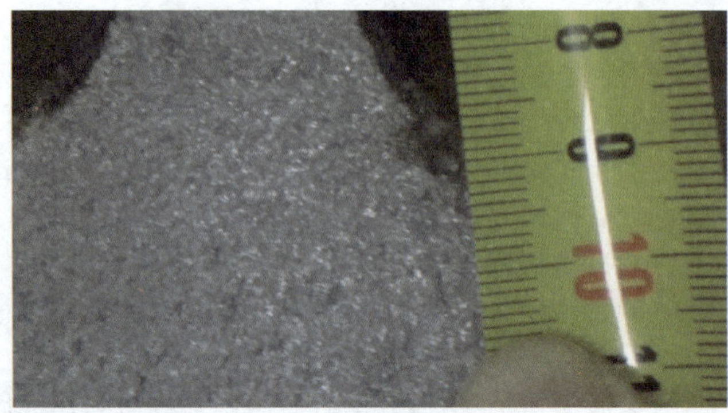

图 5-9 夹　渣

(3)轨缝过大、砂箱不密贴或产生“跑铁”现象，钢水量不够，使熔渣不能完全排出，进入型腔，最容易在轨顶部位产生夹渣。

(4)待焊钢轨端面清理不彻底，有金属氧化渣、氧化皮等。

(5)上砂模后未覆盖型腔口，使杂质进入砂模。

3. 预防措施

为了防止夹渣，应严格遵守工艺规程，彻底清洁待焊钢轨的两个端面，防止熔渣进入型腔；正确设置轨缝；坩埚使用前仔细检查是否有破损，放置坩埚时一定要将浇注口放置在砂型上方中央，同时坩埚尺寸要足够大，以防止由于反应时，熔渣飞溅，进入型腔。

(六)热　裂

1. 定义

钢水浇入铸型后不久就开始凝固，在稍低于其凝固点的一定温度范围内，强度较低，如果由于浇注系统设计不当所产生的收缩应力，或是由于操作不当而受到外力超过在该温度范围内钢的强度极限时，就会产生裂纹或断裂。热收缩是由于焊头还没有完全凝固时钢轨发生了移动、收缩，使焊头提前受力。

这种在凝固后高温区域内形成的断裂称为热裂，如图 5-10 所示。热裂由于在高温区域内发生，因此表面常带有氧化蓝色。热裂对焊头质量影响大，会造成断轨。

图 5-10 热　裂

2. 形成原因

(1)热裂与钢的化学成分有关，特别是钢中含硫量过高时易于促使形成热裂。图 5-11 为焊缝处硫或铝等低熔点夹杂引起的核伤。

(2)在浇注后拆箱过早,使焊头提前受力。

(3)提前推瘤,使焊头提前受力。同时还会在焊接表面出现热裂纹,进而发展。

(4)焊接过程中焊缝有移动,受拉,存在较大的拉应力。

(5)焊头在冷却过程中,未完全凝固时受到外力的锤击。

(6)焊头在冷却过程中,未完全凝固时钢轨收缩。特别在低温时,焊缝由于受到激冷,加快收缩,加大了收缩应力,在高温区形成热裂。

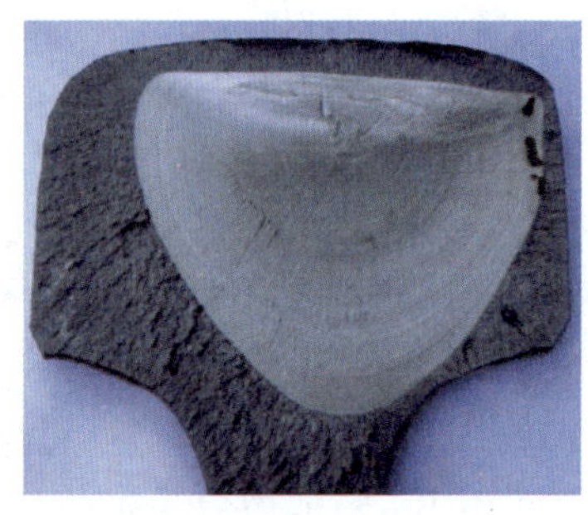

图 5-11　焊缝处硫或铝等低熔点夹杂引起的核伤

3. 产生部位

在焊缝及热影响区均可产生。断裂源通常位于焊头的中心,轨腰、轨底三角区的位置,在这个区域有由冷却引起的缺陷。对焊头轨腰、轨底三角区进行宏观检查,可以发现金属颜色变化、枝晶状结构等。

4. 预防措施

(1)为了防止产生热裂,在浇注系统设计上应注意防止轨腰处产生缩孔,减少轨腰处产生的应力。为此,在浇注系统设计上要力求做到顺序冷却。

(2)当焊缝尚未完全凝固时避免锤击。

(3)对于焊剂制造厂,应注意选用含硫量低的氧化铁作原料,以使熔炼出的铝热钢含硫量在规定限度以下。

(4)在整个焊接过程中严禁踩踏、敲击、撬动待焊钢轨。冷却过程中不要扰动钢轨。

(5)按照工艺要求的时间进行拆模和推瘤作业,在操作中注意勿拆模过早。

(6)焊头温度高于 300 ℃时,严禁过早撤除对正架、拉伸器等。

(7)钢轨随气温收缩较大时,采用钢轨拉伸器保持轨缝大小。

(七)未 焊 合

1. 定义

所谓未焊合,是指经铝热焊工艺后,原来待焊的两个钢轨端部断面上仍有没有熔化的区域,如图 5-12 所示。未焊合的情况,一般多发生在轨头,也有出现在轨底的。未焊合对焊头质量影响大,会造成断轨。

图 5-12　未 焊 合

2. 形成原因

(1)钢轨预热温度过低:这种情况容易出现在轨头和轨底,如果预热温度过低而铝热钢所放出的热量尚不足以使轨端熔化,就会造成未焊合的情况。

(2)预热时间不足或氧气、丙烷压力不足。

(3)预留轨缝太小:由于预留轨缝过小,焊缝内的热容量也较小,在没有将钢轨端部完全熔化就已冷却,造成未焊合。

(4)轨端未正确处理:待焊钢轨端面清理不彻底,有氧化皮等异物,在轨端产生了一个脆弱的氧化层,造成熔合不好;轨端用氧气切割过,未用锯轨机切割,端面不平整;轨端清洁不好。

(5)砂箱或预热枪未正确安装:砂箱或预热枪装偏、不居中,造成一侧预热不足。

(6)浇注系统设计不良:进入铸型的钢水不能使钢轨端面全部熔化达到良好焊合的目的,同时易产生其他缺陷,造成未焊合情况。

(7)其他原因:例如焊接中砂箱"跑铁"使铸型未浇满或夹渣;扣箱时砂箱对偏等均可以引起未焊合缺陷。

3. 预防措施

(1)严格执行预热工艺,钢轨预热温度需达到规定要求。

(2)正确设置轨缝。

(3)彻底清洁待焊钢轨的两个端面,保持良好的轨端清洁。

(八)螺栓孔裂纹

1. 定义

铝热焊接钢轨在浇注钢水后的冷却过程中产生一定的焊接热应力,在轨腰焊缝处也容易由于缩孔引起断面强度降低,因此一般要求在钢轨焊缝及其附近不要有螺栓孔,以免在焊接热应力作用下形成裂纹。在螺栓孔处形成的焊接裂纹,称为螺栓孔裂纹。

2. 形成原因

(1)螺栓孔距焊缝距离太近,使螺栓孔处在焊接热应力的作用下形成裂纹。在列车作用下,裂纹发展扩大,最后导致断轨。

(2)如带螺栓孔焊接时,尽量应通过调整轨缝达到焊接轨缝要求。万不得已非要锯轨时,应从钢轨两端各锯掉 10～13 mm,切忌从钢轨一侧锯轨,使螺栓孔距轨缝太近,造成隐患。

(3)第一螺栓孔必须在侧砂模即砂箱的外侧,且应在第一螺栓孔处塞上封箱泥或钢塞。

3. 预防措施

一般要求螺孔距焊缝应大于 100 mm。

(九)预热过度

图 5-13 为预热过度的焊接接头。

1. 形成原因

(1)气体压力过大。

(2)预热时间过长。

(3)各种居中不到位。

2. 预防措施

(1)严格控制焊接工艺。

(2)正确设置各种居中。

(十)过早推瘤

图 5-14 为过早推瘤的焊接接头。

图 5-13　预热过度

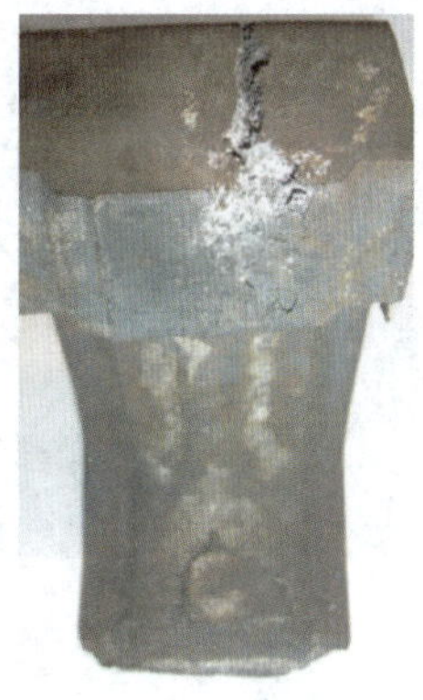

图 5-14　过早推瘤

1. 形成原因

(1)推瘤时间过早。

(2)金属还没有充分凝固。

2. 预防措施

(1)控制预热时间。

(2)控制拆模时间。

(3)注意浇注结束到拆模之间的时间。

(十一)钢水泄漏

图 5-15 为钢水泄漏的焊接接头。

1. 形成原因

(1)抹泥不足。

(2)过早拆模。

(3)砂模安装不正确。

2. 预防措施

(1)正确的安装砂模。

(2)抹泥时需仔细。

(3)严格控制拆模时间。

(十二)裂　　纹

图 5-16 为出现裂纹的焊接接头。

1. 形成原因

(1)预热过度。

(2)焊筋处的砂模熔化。

2. 预防措施

严格控制预热工艺。

图 5-15 钢水泄漏

图 5-16 裂　纹

第二节　铝热焊接典型案例

【案例一】

一、基本概况

2016 年 1 月 12 日 6:00，××线××站 11DG 轨道电路显示红光带。7:25 工务检查发现××站 11 号道岔岔前右股铝热焊缝垂直断裂拉开 10 mm。经紧急处理，于 7:40 限速 25 km/h 开通线路，后于 11:34—12:10 更换 1 根 7.005 m(75 kg/m)钢轨，轨温－5 ℃，未影响行车。当日最低气温为－19 ℃。

二、现场调查情况

1. 线路设备情况

断轨处所位于××站 11 号道岔岔前右股铝热焊缝；该处为 75 kg/m 钢轨，基本轨钢轨材质为 U20Mn，岔前连接轨材质为 U75V，生产日期 2015 年 2 月；混凝土岔枕，弹条扣件，10 mm 弹性胶垫，碎石道床，坡度为 0‰。钢轨无鱼鳞伤损、掉块等病害。

2. 现场线路状态

现场检查断缝前后 100 m 线路几何尺寸良好，无厚板、翻浆、空吊，道床阻力、扣件扭矩达标，零配件齐全。

3. 断缝断面情况

钢轨裂缝是沿焊筋边缘(靠 U20Mn 钢轨一侧)垂直裂通，目视焊剂与 U75V 钢轨焊接熔合效果较好，断轨端面金相组织规整，无夹杂伤损疲劳源，初步判定焊接工艺和过程不存在问题，如图 5-17～图 5-19 所示。

4. 焊轨情况

工务段于 2015 年 11 月 17 日对××线××站内 11 号道岔岔前左右股接头进行焊接，当日天气阴天，轨温 6 ℃。焊轨使用的是法焊，按照拉伊台克(法焊)工艺要求，焊轨过程无异常，打磨后外观无缺陷，后经探伤检测未发现大于 ϕ3 mm 当量缺陷，焊头质量合格。

图 5-17　断裂接头宏观形貌

图 5-18　断裂接头耦合断口宏观形貌

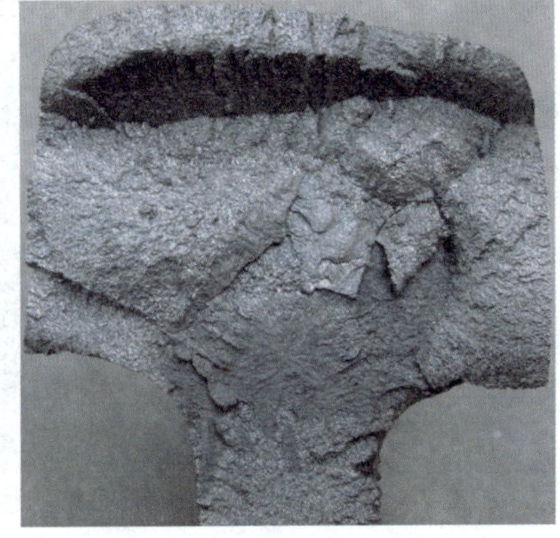

图 5-19　贝氏体侧轨头断口宏观形貌

5. 探伤作业情况

2015 年 11 月 22 日，进行母材探伤作业，经检查未发现伤损。

2015 年 12 月 6 日，进行焊缝探伤作业，经检查未发现伤损。

2016 年 1 月 7 日，进行探伤车检查，未报告发现问题。

6. 钢轨检查情况

工务段按照冬季防断措施每日进行岔区巡视检查，2016 年 1 月 11 日由工区检查，线路检查设备状态良好。

三、原因分析

(一)断轨初步原因分析

该铝热焊接头(法焊)由两种材质钢轨进行焊接，初步认为造成焊缝处断轨原因为两种不同材质钢轨焊接导致形成焊缝缺陷。

断轨当日是入冬以来气温最低一天，断轨时轨温达到−19 ℃，钢轨受拉应力较大，也是造成断轨的重要原因。

(二)检验结果分析

1. 焊接接头断裂性质

根据铝热焊接头断口的宏微观分析结果，可知焊接接头断裂属于脆性断裂性质。断裂首先起源于轨头中心部位的针状马氏体组织区域，在应力作用下向踏面及轨腰扩展，最终形成钢轨横向脆性断裂。

2. 断口金相组织检验分析

轨头中心断口区域熔合线位置存在针状马氏体组织；靠近踏面焊缝位置存在珠光体及少量铁素体。同时，焊缝与贝氏体母材的熔合线靠近焊缝侧存在细小孔洞和非金属夹杂物。

在靠近踏面的焊缝与贝氏体母材的熔合线附近存在裂纹，部分裂纹垂直于熔合线，分别向焊缝和贝氏体母材内部扩展，裂纹在贝氏体侧呈现沿晶形貌；部分裂纹平行于熔合线，也呈现沿晶形貌。焊缝与贝氏体母材的熔合线位置存在针状马氏体组织，如图 5-20 所示，应是沿晶裂纹产生的原因之一。

图 5-20　裂纹附近熔合线异常组织

3. 裂纹产生原因分析

分析认为，铝热焊接头断裂的原因，与焊接接头内部应力过大且存在针状马氏体组织有关。

铸件在凝固和冷却过程中，由于各部分的冷却速度差异、收缩受阻及组织转变引起体积变化等因素，不可避免的会产生铸造应力。如果铸造应力未得到释放，将会以残余应力的形式保留在铸件内。当铸造残余应力超过金属的抗拉强度时，即会沿金属的薄弱面产生裂纹并扩展。

铸造应力包括热应力、相变应力和收缩应力三种。

(1)热应力——铸件在凝固和冷却过程中，不同部位由于不均衡的收缩而引起的应力。热应力使冷却较慢的厚壁处受拉伸，冷却较快的薄壁处或表面受压缩，铸件的壁厚差别愈大，合金的线收缩率或弹性模量愈大，热应力愈大。定向凝固时，由于铸件各部分冷却速度不一致，产生的热应力较大，铸件易出现变形和裂纹。

(2)相变应力——铸件冷却过程中发生固态相变的时间不一致，体积和长度变化的时间也不一致，彼此制约，形成的应力。

(3)收缩应力——铸件在固态收缩时，因受铸型、型芯、浇冒口等外力的阻碍而产生的应力。一般铸件冷却到弹性状态后，收缩受阻都会产生收缩应力。

收缩应力常表现为拉应力。如果铸件的收缩应力和热应力共同作用，其瞬间应力大于铸件的抗拉强度时，铸件会产生裂纹。

在铝热焊接过程中，由于钢轨母材和焊缝金属之间存在温度差，会形成接头焊接的热应力;焊接冷却过程中的熔合线处金属组织存在共析转变,会产生相变应力;焊接热应力及组织应力共同的作用使焊接接头靠近熔合线附近存在较高的内部残余应力。此外,由于砂型、浇冒口的影响,可能会产生收缩应力。

残余内部应力的共同作用,使局部应力过大,容易在熔合线附近的硬脆针状马氏体组织处产生裂纹。

4. 内部应力的影响因素分析

(1)预热与缓冷

铝热焊接为铸造式焊接,焊接时由于钢轨母材温度较低,熔化的钢水从液态到凝固,将会与钢轨母材间产生很高的温度应力。铝热焊接工艺规定,在进行焊接前,对母材钢轨需进行预热,以减少由于温度差异大造成的热应力。同时,在焊接完成后,应对焊接接头进行一定时间的保温,使其缓慢冷却至 400 ℃以下,以避免快速冷却后组织应力和收缩应力的增大。

由于贝氏体与铝热焊缝合金成分不同,凝固收缩温度时间有差别,在熔合线处会产生收缩应力。同时由于铝热焊缝重新发生共析转变,形成了异常的针状马氏体组织,相对于熔合区外侧尚未发生贝氏体转变的一侧会产生组织应力,焊接热应力及组织应力的综合,使熔合线产生内部应力。针状马氏体组织的产生与熔合线处合金成分过高,焊后冷却速度过快有关。为尽量减小造成的内部应力,钢轨在焊接时应严格按照铝热焊接工艺,预热充足,焊后保温,可以有效地降低收缩应力,避免焊缝熔合线处产生针状马氏体组织。

(2)砂型、浇冒口结构

从焊接接头铝热焊缝的结构形状可以看出,铝热焊缝自轨头向下为一张开的喇叭形状。轨头形成的焊缝较宽,熔合线与横向呈一定夹角。

焊缝凝固时随着温度的降低将发生相变及凝固收缩。轨头由于焊缝较宽,冷却速度比轨腰及轨底都慢,同时轨头焊缝外层比内层冷却速度要快,使轨头焊缝外层与内层,轨头焊缝与轨腰、轨底的收缩率不一致,相互制约收缩,发生拉伸或压缩变形。

在凝固前期,轨底、轨腰降温比轨头快,产生的收缩量较大,从而使轨腰及轨底受到拉伸变形,产生拉应力,而轨头部位形成压缩变形,产生压应力;在冷却后期,轨头降温又比轨腰、轨底快,产生的收缩量较轨腰、轨底部位大,所以又在轨头部位形成拉伸变形,产生拉应力,而在轨腰部位形成压缩变形,产生压应力。如果在冷却前期和冷却后期形成的应力能相互抵消,则焊缝内部应力会很低。如果两种应力不能相互抵消,则有一部分应力会残留在铸件上,形成收缩应力。改变砂型及浇冒口结构,减小轨头焊缝宽度,可以减缓收缩应力的产生。

5. 结论

U20Mn 与 U75V 铝热焊接头内部存在较高的内应力,同时熔合线存在针状马氏体组织,是使焊接接头在靠近贝氏体侧铝热焊缝产生裂纹并发生脆性断裂的主要原因。

四、存在问题

(1)××线为首次使用和焊接 75 kg/m 钢轨,在使用、焊接方面的安全风险研判还处于初级阶段,尤其是在焊接工艺方面还要进一步研究和优化,不断完善焊接作业指导书。

(2)针对××线工务设备维护、探伤周期等进行了研究和布置,也形成了指导性意见,但还没有以正式文件下发。

(3)工务段未在××站安排应急值守人员,且××线应急处置备用料(75 kg/m 备用轨)还没配备到位。

五、重点提示

(1)加强对贝氏体轨件(U20Mn2SiCrNiMo、KB1250)使用情况的排查,建立台账,段、车间、工区留存;贝氏体钢轨与普通钢轨铝热焊焊缝处所纳入每日巡视检查内容,并留存记录;贝氏体钢轨铝热焊焊缝每月专项探伤1遍。

(2)完善、规范75 kg/m 钢轨铝热焊接工艺和作业指导书,严格落实焊轨程序和工艺要求,严格执行焊轨条件,低温条件下焊轨要充足预热和焊后保温,并加强人员培训和钢轨焊接作业的盯控,确保焊接质量。

(3)严格落实探伤作业制度,重点加强对铝热焊缝的探伤检查和手工检查,做到细检慢走。同时,加强钢轨探伤数据二次分析,杜绝探伤责任漏检。

(4)应认真排查分析、健全无缝线路管理资料,做好防断料具准备,完善专项防断措施及应急预案。

【案例二】

一、基本概况

2016年3月1日1:15,××线××站值班员发现,××次在下行××至××站区间运行过程中,列车出清第二远离区段后,该区段仍显示红光带,立即通知工务、电务、公安、供电部门进行检查,工务部门检查发现K425+055处右股钢轨折断,如图5-21所示,经工务部门处理加固后于2:24限速25 km/h开通线路。

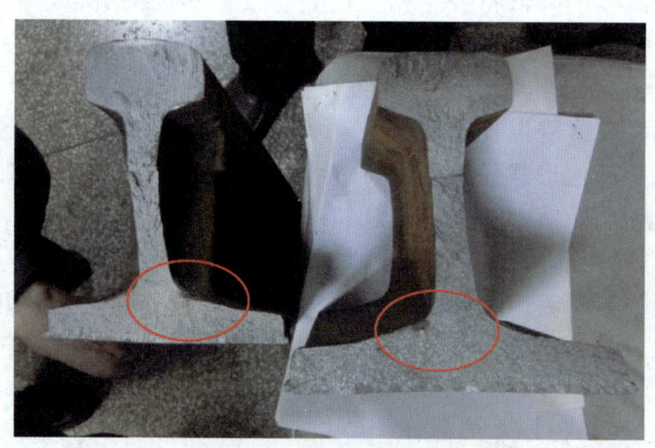

图5-21 断裂断口宏观形貌

二、现场调查情况

1. 线路设备情况

断轨区段为60 kg/m 钢轨无缝线路直线地段,Ⅱ型混凝土枕,弹条扣件,路堤地段,0.5‰下坡,线路允许速度160 km/h。现场检查扣件齐全、扭矩符合规定,无吊板、翻浆等病害。

2. 无缝线路作业情况

(1)放散情况：该段钢轨 2008 年 6 月 5 日上线，2015 年 9 月 18 日对 K425＋050～＋630 进行放散施工，作业轨温 20 ℃，锁定轨温 32 ℃。插入 8 m 短轨，现场焊接 4 个头。断轨时轨温 2 ℃。

(2)焊轨情况：此处为铝热焊焊缝，2015 年 9 月 18 日 5:15 进行焊接，气温 23 ℃，作业轨温 22 ℃，预留轨缝上 26 mm、下 25 mm；钢轨轨种为 U75V，焊药类型为法焊 60 kg/m U75V 焊药，预热时间 5 min，反应时间 11 s，镇静时间 15 s，浇筑时间 14 s，拆箱时间 5 min，氧气压力 0.49 MPa，丙烷压力 0.07 MPa，推瘤时间 6 min30 s，焊药标签 5V5670；焊接接头打磨后平直度为轨顶面垂直方向偏差 0.2 mm/m，轨头工作边水平方向偏差－0.1 mm/m。

(3)无缝线路锁定轨温情况：该段为跨区间无缝线路，初始锁定轨温 32 ℃；2015 年 5 月 27 日因顶桥施工进行了放散，锁定轨温 43 ℃；2015 年 9 月 18 日对该段高温地段进行回放，锁定轨温 32 ℃；最近钢轨位移观测日期时间 2016 年 2 月 1 日，实际锁定轨温 32 ℃。

(4)最近作业情况：经调查，2015 年 5 月大机清筛换砟、捣固施工后，没有在该地段进行过扰动道床作业；自 2015 年 9 月 18 日放散施工后，没有在该地段进行其他作业。

3. 探伤情况

根据探伤要求，母材探伤××线全年 11 遍；焊缝探伤每半年不少 1 遍。

(1)母材探伤情况：防断关键期探伤周期为 30 天。最近一个月探伤检查时间为 2016 年 2 月 5 日，仪器型号为 GCT-8C 型；未发现伤损。

(2)焊缝探伤情况：新增焊缝探伤时间为 2015 年 9 月 18 日 14:40，仪器 GCT-9003H 型；当日作业未发现伤损。

(3)数据回放分析情况：上述几次作业检查通过该区段，均未发现该处有疑似波形，经分析仪器使用情况良好，数据也未发现疑似波形。

4. 故障处理情况

3 月 1 日 1:17，××线下行二远离红光带，接通知后，工务段立即组织人员到现场检查。1:57，检查发现××线下行 K425＋055 右股轨头焊缝处拉开 15 mm，立即登记封锁××线下行 K425＋050～＋070，经紧急处理后，2:24 下行 K425＋050～＋070 限速 25 km/h 开通。随后申请天窗插入 6.5 m 短轨进行临时处理，后恢复正常。

5. 钢轨损伤断面情况

经过对钢轨损伤断面观察发现，钢轨断裂面轨底角处浅表层有一约 2 mm 夹渣点，如图 5-22 所示。通过分析，该夹渣点为浇筑时造成，但此位置属于探伤检测盲区，钢轨探伤仪和焊缝探伤仪无法有效检测发现，不属于探伤漏检。

三、原因分析

钢轨折断的原因是铝热焊接存在质量缺陷，浇筑时焊缝和母材间出现夹渣，加之近期气温温差幅度大，由此缺陷点发展造成脆性断裂。此位置属于探伤检测盲区，钢轨探伤仪和焊缝探伤仪无法有效检测发现。

四、存在问题

1. 关键环节卡控不到位

放散焊轨施工过程中，对焊轨施工关键环节要求不高，对焊接质量检查不到位，留下隐患。

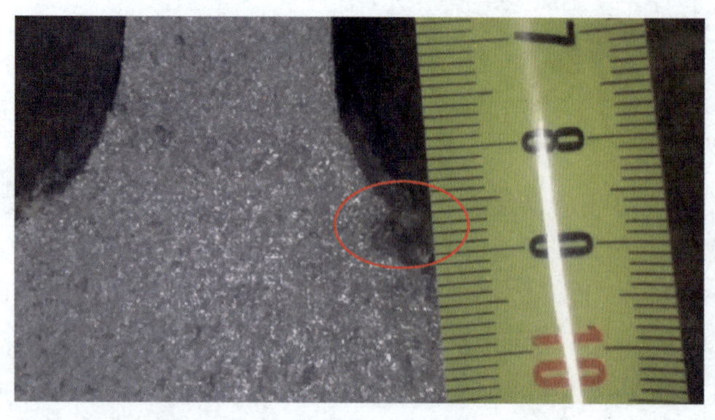

图 5-22　夹渣点

2. 焊轨作业工艺标准有待提高

焊轨作业中砂箱模具检查不认真，盲目相信砂型质量，对探伤盲区可能出现的隐患预想不周，认为探伤盲区发生问题是非责问题，忽视了手工检查。

3. 专业管理不到位

对疲劳钢轨焊缝的重视程度不够，思想上有所松懈，没有在规定的探伤周期上进行加密或加密手工检查力度。

五、重点提示

1. 提高思想认识

应加大探伤和手工检查力度，全面落实防断措施。

2. 规范钢轨焊接作业

严格执行钢轨焊接作业规范，加强对钢轨焊接作业的过程盯控和质量回检，同时加强对焊轨作业人员的技术培训，提高钢轨焊接人员的业务水平，确保焊轨质量达标。

3. 提高焊接质量

针对焊接缺陷的原因，有针对性的改善焊接工艺，落实焊接标准化流程，强化钢轨焊接源头质量控制。重点做好作业前砂箱平整度检查，以及把控焊接推瘤后热、冷打磨工作。

4. 严格执行探伤各项作业标准

控制好作业速度，对疑似波形站停看波，认真分析波形，反复检测，双机校正。做到“仪器有故障不走，伤损判断不清不走，危及行车安全的伤损处理不清不走”。

5. 加强应急处理

加强对防断应急处置料具的排查，确保应急处置料具齐全，完善应急处置预案，提高红光带查找和断轨应急处置能力，确保信息准确畅通，处置快速。

【案例三】

一、基本概况

2017 年 1 月 24 日 0:06，××上行线××站第二接近轨道区段显示红光带，接通知后，工务段立即组织人员赶往现场。0:30 到达现场，0:55 检查发现××上行线 K43+700 处右股钢轨折断，距焊缝轨头 50 mm 处垂裂至轨底。经紧急处理后第一列限速 25 km/h 放行列车，后正常。3:37，更换钢轨临时处理。

二、现场调查情况

1. 现场处置情况

发现断轨后，现场检查人员立即组织紧急处理，于 1:43 工务登记：××站至××站间××上行线 K43+700 处右股钢轨折断。经处理后第一列限速 25 km/h 放行列车，后正常。限速区段 K43+650～+750。

经现场准备 3:37 登记：××站至××站间××上行线 K43+680～+710 封锁，工务进行断轨临时处理，要点 40 min。现场断轨处插入 12 m 短轨，打眼上夹板。

2. 设备基本情况

断轨地段为 60 kg/m 钢轨，无缝线路，Ⅲ型轨枕。线路锁定轨温 30 ℃，上行 K43+567～+703 为曲线地段，半径 667 m，坡度为 7.7‰下坡。

现场检查线路钢轨外观状态良好，无任何擦伤痕迹，车轮碾压轨面光带偏内侧，轨距角有受力，线路几何尺寸无超保养标准问题，该区段弹条扣件的扭矩保持在 100～120 N·m 符合要求，道床无翻浆、轨枕无吊板。

3. 断缝情况

断轨处位于××上行线××站至××站间 K43+700 处右股钢轨，断轨截面为垂断且全断面为新痕，断缝宽度为 10 mm，焊缝距离轨枕边缘 145 mm，钢轨断面轨顶距焊缝边缘 50 mm，轨底距焊缝边缘 15 mm。断缝在铝热焊热影响区范围内，焊剂类型为 U75V，焊接工艺为法焊，该焊缝断裂前无伤损记录，断轨时轨温 −4 ℃，焊道状态良好，断面无伤损缺陷，断缝处母材底部有 2 处气孔。

4. 铝热焊接情况

2016 年 8 月 31 日，在××线上行 K43+615、K43+700 两处右股进行钢轨铝热焊接，断轨处焊缝为 8 月 30 日换轨时拉伸合拢口，作业封闭时间为 6:32—8:32；铝热焊剂为拉伊台克 2016 年 2 月 26 日生产 U75V 铝热焊剂；焊接时天气晴，气温 24 ℃，轨温 28 ℃；轨缝上下均为 27 mm，预热时间 5 min；反应时间 10 s；镇静时间 11 s；氧气压力 0.49 MPa；丙烷压力 0.07 MPa；拆箱时间 5 min30 s；推瘤时间 6 min30 s。焊后打磨质量良好，轨顶面垂直方向偏差 0.25 mm/m，轨头工作边水平方向偏差 0.1 mm/m。

5. 设备检查保养情况

该区段设备最近一次检查时间是 2017 年 1 月 6 日，该区段线路四大项检查记录无超临时补修病害；最近一次保养时间是 2017 年 1 月 3 日，对上行 K39+600～K44+000 间线路进行整修和保养。

2017 年 1 月 10 日，××次上行轨道检查车检测资料无超限病害。2016 年 10 月至 2017 年 1 月 23 日该区段钢轨探伤伤损签收台账未发现伤损钢轨记录情况。

6. 钢轨探伤情况

冬季探伤周期为 15 天/遍，因××线为重载线路，故上行线部分重点区段（如 PG_4 钢轨地段）冬季进行探伤加密检查（该断轨区段加密至 7 天/遍）。此外通过采取仪器与人员互补的方法确保伤损检出。

焊缝上线日期为 2016 年 8 月 31 日，焊缝探伤复探日期为 2016 年 9 月 1 日，现场及回放分析均未见异常。

最近一次母材探伤日期为 2017 年 1 月 17 日，仪器为 JGT-10 型，现场及回放分析均未见异常。2017 年 1 月 10 日探伤情况，均无异常。

三、原因分析

（一）初步分析

断缝处母材底部有 2 处 1 mm 气孔，铝热焊时受热后金相组织发生变化，温度突然降低时发生钢轨脆断。

（二）检验结果

1. 宏观形貌检查

宏观形貌如图 5-23 所示，铝热焊接头的断裂主要为横向断裂，断裂起源于焊接接头焊筋右侧母材轨底，与轨底约呈 70°角扩展至轨腰中部，自轨腰中部垂直轨底横向扩展至轨头，焊接接头完全断裂。

图 5-24 为焊接接头轨底宏观形貌，焊筋两侧可见溢流飞边形貌，焊筋左侧溢流飞边的宽度为 15 mm，焊筋右侧溢流飞边宽度为 10 mm；由轨底宏观形貌可以看出，完全断裂位置位于焊接接头右侧母材，轨底断裂部位由 2 条裂纹汇聚而成，从连贯性情况分析，靠外侧的弧形裂纹为主裂纹，左侧相对比较平直的为次生裂纹。

图 5-23　铝热焊接头断裂侧面宏观形貌

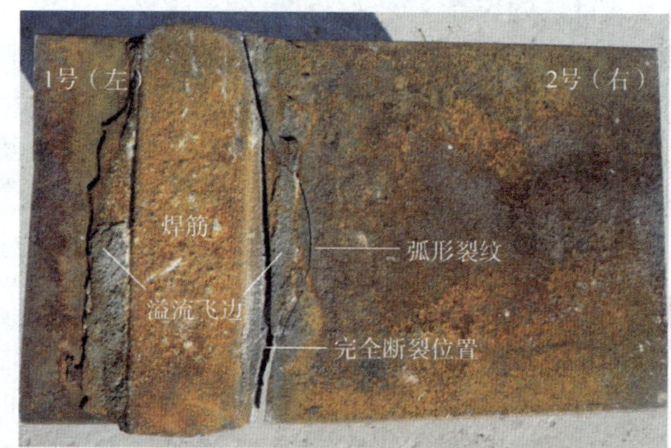

图 5-24　铝热焊接头断裂样轨底宏观形貌

裂纹放大形貌如图 5-25 所示，部分弧形裂纹位于溢流飞边下部。

图 5-25　轨底处弧形裂纹放大

铝热焊接头断口宏观形貌如图 5-26 所示，铝热焊接头耦合断口（含轨底次生裂纹断口）均呈浅灰色，且整个断口粗糙较为平直，在轨底三角区部位，存在弧形裂纹，断口自弧形裂纹处向轨腰和轨底呈放射状扩展。向上扩展至轨头，向下扩展贯穿至轨底，也就是在轨底看到的次生裂纹。经观察，断口上所见的弧形裂纹即为图 5-25 所示的轨底弧形裂纹贯至此而成。

(a) 1号

(b) 2号

图 5-26　铝热焊接头断口宏观形貌

铝热焊接头 1 号和 2 号耦合断口轨底中宏观形貌，如图 5-27 所示。

(a) 1号

(b) 2号

图 5-27　铝热焊接头 1 号和 2 号耦合断口轨底中宏观形貌

将 2 号试样轨底中部弧形块状部位取下（剩余部位试样命名为 2-1 号，取下的部位试样命名为 2-2 号），图 5-28 和图 5-29 为弧形裂纹内部形貌，断口呈黑褐色，具有氧化锈蚀特征，表明此裂纹形成时间较长已发生了氧化。裂纹起源于轨底，以线源方式向上疲劳扩展约 5 mm，形成带状疲劳断口，断口可见存在密集的疲劳台阶，之后进入慢速脆性扩展区，该区域氧化锈蚀严重，两耦合断口在受力状态下由于相互接触摩擦已碾压变平，形成弧形裂纹扩展区。在钢轨轨底动弯应力的作用下，弧形裂纹扩展区开始分叉转向轨腰和轨底扩展形成钢轨横向断裂，形成较新的图 5-27 所示脆性断口。

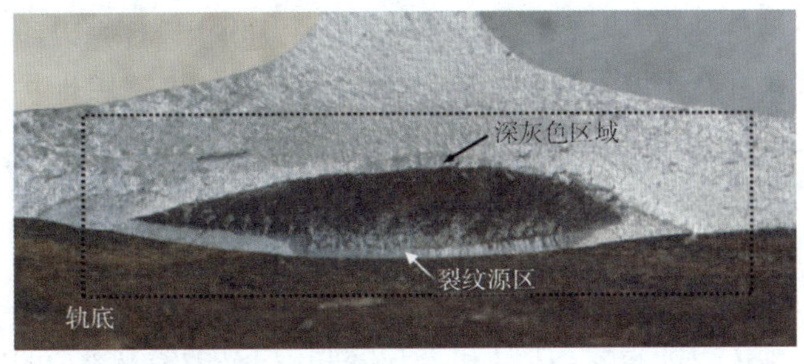

图 5-28　2 号样剩余部位(2-1 号)宏观形貌

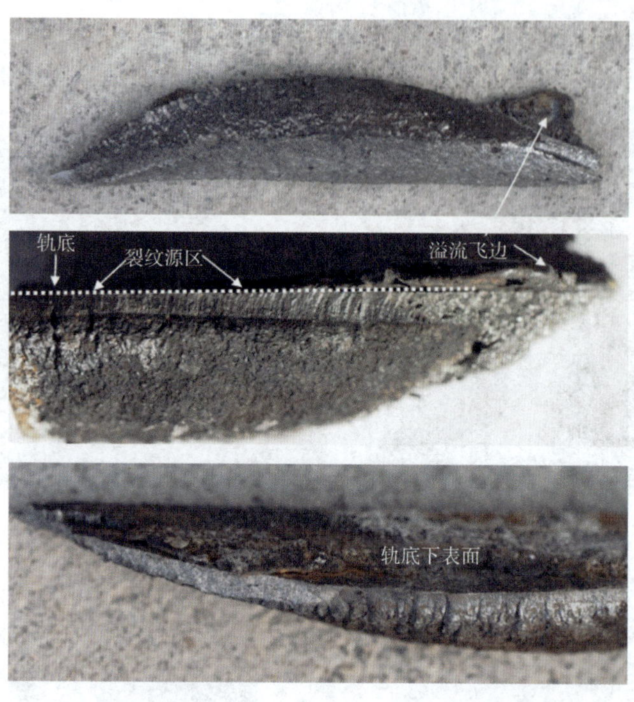

图 5-29　2 号样取下部位(2-2 号)宏观形貌

2. 断口扫描电镜形貌观察和裂纹源处显微组织检验

由断口扫描电镜形貌观察和裂纹源处显微组织检验可知,焊接接头断裂起源于轨底存在溢流飞边处,如图 5-30 所示,该处溢流飞边与轨底表面形成类似尖缺口状缺陷,在动弯应力作用下,在缺陷部位产生应力集中,萌生疲劳裂纹向内部扩展一段后开始慢速脆性扩展,之后在动弯应力作用下开始分叉转向,向上轨腰短暂疲劳扩展后开始慢速和快速脆性扩展直至轨头,向下轨底慢速和快速脆性扩展至轨底,最终导致钢轨横向断裂。

图 5-30　金相试样宏观形貌

3. 检验结果分析意见

(1)伤损断裂形态及断裂性质

U75V 钢轨铝热焊接头的断裂宏观形貌及断口微观分析结果表明,焊接接头断裂起源于轨底存在溢流飞边的母材区域,受列车对钢轨的动弯应力作用,首先以线源向内部疲劳扩展,形成条状疲劳扩展区,该区存在较密集的疲劳台阶,之后向上慢速脆性扩展,扩展至一定阶段后开始分叉转向,向上轨腰方向短暂疲劳扩展后开始慢速和快速脆性扩展,直至贯穿轨头;向下慢速和快速脆性扩展后贯穿轨底,使钢轨横向断裂。

(2)检验结果分析

①断口扫描分析

分别对铝热焊接头 2 号试样的 2-1 号和 2-2 号进行扫描电镜观察,可以清晰看到焊接接头疲劳断口的三个区域:裂纹源区、扩展区及快速扩展区。裂纹起源于溢流飞边与母材的交界处，紧挨轨底边缘可见一条带，该区域密集分布着由轨底向内扩展的疲劳台阶；慢速扩展区已碾压变平且氧化锈蚀严重；快速扩展区为解理形貌，部分区域因为断口的相互碾压变平。

②金相组织、显微维氏硬度、洛氏硬度分析

腐蚀后的金相试样宏观形貌可以看出，未见明显夹杂物等缺陷，但存在多处夹渣、气孔缺陷；试样轨底与溢流飞边交界处有脱碳层，对裂纹源区的显微维氏硬度进行了测试，由硬度检验结果可知，轨底及溢流飞边处脱碳层的硬度值较低，该处溢流飞边与轨底表面形成类似尖缺口状缺陷，裂纹源正好位于焊接热影响区域，硬度值偏低。在轨底动弯应力的作用下，裂纹自缺陷处开始萌生疲劳裂纹，并向内部扩展。

(3)伤损原因分析

U75V 钢轨铝热焊接头断裂原因与轨底下表面焊缝和母材熔合处存在溢流飞边有关，该处溢流飞边与轨底表面形成类似尖缺口状缺陷，并萌生疲劳裂纹最终导致钢轨横向断裂。

溢流飞边的产生与焊接时砂型对接不良有关，建议在进行铝热焊接时，应加强轨底及铝热焊砂型的水平固定，避免钢水从底侧缝隙留出，并及时对轨底下表面溢流飞边、熔渣等残余物进行打磨，可以减少残余应力和疲劳敏感缺口的残留，避免此类断裂的发生。

4. 结论

U75V 钢轨铝热焊接头断裂原因与轨底下表面存在溢流飞边有关，该处溢流飞边与轨底表面形成类似尖缺口状缺陷，且缺陷正好位于焊接热影响区硬度较低处，在动弯应力作用下，裂纹自缺陷处萌生疲劳裂纹并不断扩展，最终造成焊接接头的横向断裂。

四、存在问题

1. 钢轨焊接全过程工艺不标准

断缝在铝热焊热影响区范围内，焊缝断裂前无伤损记录，焊道状态良好，断面无明显伤损缺陷，但断缝处母材底部有 2 处气孔，热影响区母材轨底面有一横向裂纹并迅速发展成“月牙形”状折断。

2. 钢轨保护修理不到位

从钢轨轨面光带分析，车轮碾压轨面光带偏内侧，说明轨顶坡不良，钢轨受力不均，轮轨受力关系未得到有效改善，也是造成钢轨脆断又一因素。

3. 应急处置存在严重问题

××上行线允许速度为 60 km/h，紧急处理后，登记第一列限速 25 km/h 放行列车，后正常。严重违反“在钢轨断缝小于 30 mm 且不能立即换轨，遇运输繁忙，确需适当提高放行列车条件时，可在两端钻孔各不少于 2 个，上好夹板或臌包夹板，拧紧螺栓，并派人看守，根据现场情况，可适当提高行车速度至 45 km/h”的规定，属于冒险放行。

五、重点提示

(1)细化焊轨施工作业流程，严格卡控换焊轨施工全过程工艺，保证焊轨质量；换轨施工局部拉伸后安排应力放散或局部调整，消除局部应力不均或应力集中现象。

(2)强化钢轨保护修理，利用春季施工期间，更换曲线地段上股胶垫为楔形胶垫，调整轨顶坡，改善钢轨受力。

【案例四】

一、基本概况

2018 年 1 月 14 日 1:16，车站值班员发现××站至××站间××下行线第三接近区段出现红光带（后续无列车运行），立即通知有关设备单位。2:15 工务段检查发现××下行线 K256+390 右股铝热焊缝垂直断裂约 13 mm，紧急处理后开通线路，限速 25 km/h，未影响行车，如图 5-31 所示。

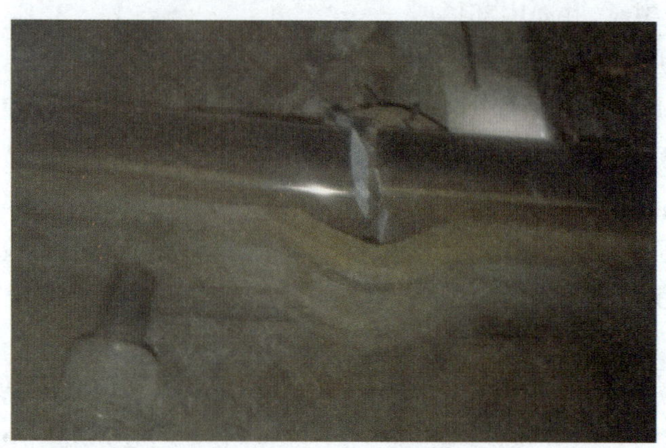

图 5-31　现场紧急处理后

5:15 工务人员在车站登记：××站至××站间××下行线 K256+350～+450 更换钢轨，要点 60 min，开通线路恢复常速，需电务部门配合。5:33—6:25 工务人员进行临时处理，插入 9.38 m 短轨一根，恢复常速。

二、现场调查情况

1. 线路概况

该区段为跨区间无缝线路，U75V 60 kg/m 钢轨，Ⅲ型混凝土枕、弹条扣件。断轨点位于半径 10 000 m 缓和曲线，距缓圆点约 50 m，K256+390（19 号轨）右股距铝热焊缝 20 mm 处，断缝垂直断裂 13 mm。该段线路钢轨属于再用轨（2007 年上线），2010 年 4 月 20 日大修换轨调拨至该处，上线至今已超过 10 年，钢轨已达到疲劳周期。

2. 现场状况

断轨点前后 50 m 范围内，轨距最大+2 mm、最小−1 mm。断轨处扣件扭力达标，无吊板和超厚垫板，石砟饱满，状态良好。2018 年 1 月 11 日车间设备检查记录显示 19 号轨接头轨距为−1 mm，水平+2 mm。断轨处前后各 100 m 范围内，一个月内无Ⅰ级及以上车载超限报警。1 月 8 日轨道检查车检查现场无明显病害，无Ⅰ级及以上超限。断轨点钢轨断面如图 5-32 所示。

3. 焊缝情况

检查现场线路状态良好。通过对断轨断面进行测量分析，发现钢轨折断处所位于焊缝与母材结合部，焊缝侧轨底上表面存在 1 mm×2 mm 夹渣松散组织，钢轨母材侧存在细微毛刺。

图 5-32　断轨点钢轨断面

确认焊缝不饱满、钢轨推凸不到位、打磨不平顺现象，焊缝存在先天性微观缺陷，如图 5-33 所示。

图 5-33　焊缝耦合断口宏观形貌

4. 锁温情况

锁定轨温 32 ℃，断轨时轨温 −8 ℃。

5. 最近一次作业情况

工区在近一个月时间内，未在此地段进行作业。

6. 钢轨探伤检查情况

(1)手工检查情况：钢轨手工检查最近一次为 2018 年 1 月 11 日，记录显示外观无变化，未发现伤损。

(2)钢轨探伤情况：最近一次探伤为 2018 年 1 月 11 日，探伤仪为 JGT-10 型。JGT-10 型仪器采用 6 个 70°探头，1 个前 37°探头，1 个后 37°探头，1 个 0°探头的组合方式进行探测作业。当日在此部位检查时，仪器各通道显示正常，作业状态良好，通过此位置速度为 1.4 km/h，符合规定速度，仪器无异常波显示。探伤周期 25 天/遍。

(3)焊缝探伤情况：2017 年 6 月 29 日，焊缝探伤数据回放，未发现异常波形；2017 年 12 月 18 日，焊缝探伤数据回放，未发现异常波形。

(4)探伤回放分析:走行速度 1.4 km/h,耦合情况良好,灵敏度正常。未发现异常波形。

三、原因分析

(1)钢轨上线至今已超过 10 年,××线运量大,致使钢轨接近疲劳周期。

(2)焊缝虽然满足规定要求,但是存在先天性微观缺陷。

(3)气温较低,钢轨温度应力较大,经计算实际锁定轨温 32 ℃,当时环境温度−8 ℃。

(4)钢轨焊缝处所表面不平顺,手持探伤仪与钢轨表面密贴、耦合不良,焊缝探伤仪难以发现且属于母材探伤盲区。

(5)断缝位于焊缝与母材结合部,界面、受力复杂,存在应力过度和边缘应力集中现象。

综合以上原因分析得出,该处断轨是由于在较低温度下钢轨内部拉应力增大、焊缝微观缺陷构成疲劳源,加之焊缝与母材结合部应力集中造成钢轨折断。

四、重点提示

1. 焊轨严格落实作业标准

进行专项检查,分析所有焊缝情况,对重点焊缝探伤情况进行分析。

2. 加强无缝线路管理

对所有最近一次无缝线路实际锁定轨温进行分析,对于和断轨地点情况类似的重点地段进行现场检查,分析锁定情况,及时整改存在的问题。

3. 提高应急处置反应能力

在防断期,应结合实际情况合理配置备用钢轨以备应急之需。

4. 加强关键岗位应急培训和应急演练

特别是驻站联络员,将应急处置"运统—46"登记项目、要素等格式化,提高应急处置能力。

5. 加强探伤现场作业控制

做到仪器检查和手工检查相结合,严格执行检查周期。对于变截面的阴角处所重点排查;探伤作业严格控制走行速度;提高伤损的检出率和准确率,杜绝单纯或过分依赖探伤数据回放分析,加强伤损判定的准确性和严肃性。

6. 加强探伤数据回放

探伤数据坚持车间、工区两级回放制度;探伤数据当日分析完毕,发现Ⅲ级疑似伤损立即通知车间、工区现场复核。加强各级干部现场盯控。

【案例五】

一、基本概况

2018 年 3 月 9 日 4:53,××线××站二离去区段红光带,接到通知后,工务段立即组织人员赶往现场处置。5:50,检查发现 K6+627 处曲线下股(运行方向右股)铝热焊缝处钢轨折断,断缝拉开 6 mm,立即通知驻站联络员在车站行车室登记:工务检查发现××站至××站间××线 K6+627 处右股钢轨(焊缝)折断,工务请求封锁,进行抢修。

6:03,工务登记:××站至××站间××线 K6+627 处右股钢轨经工务打眼加固抢修后限速开通线路,××站至××站间××线 K6+600~+650 限速 45 km/h。

9:09,工务登记:××站至××站间××线 K6+600～+650 右股钢轨重伤影响行车,急需更换。9:10—10:05,工务进行抢修。9:48,工务登记:经工务抢修完毕恢复正常,插入短轨的长度 8.315 m。

二、现场调查情况

1. 设备概况

该区段为 60 kg/m 跨区间无缝线路,曲线地段,曲线半径 1 000 m,全长 952.81m,曲线超高 110 mm;碎石道床,Ⅲ型混凝土枕 1 667 根/km 配置,弹条扣件,连续 1.9‰、1.7‰上坡,线路允许速度 120 km/h;现场道床饱满、堆高符合无缝线路要求,道床阻力符合标准,线路零配件齐全有效、扭矩符合规定,现场线路无吊板、翻浆、坍白等病害,线路状态良好。该段钢轨种类为包钢 PD_3,2003 年生产上线,锁定轨温 28 ℃,断轨时轨温−4 ℃。

2. 最近作业及设备检查情况

(1)作业情况:2018 年 3 月 8 日,利用天窗时段,在××线 K6+600～+700 进行焊轨作业,作业前轨温 6 ℃,作业后轨温 7 ℃。

(2)无缝线路观测情况:2018 年 2 月 13 日,对此段进行无缝线路位移观测和实际锁定轨温分析,最大位移量−2 mm,同一单元轨段实际锁温最大相差 1 ℃,符合要求。

(3)检查情况:2018 年 2 月 19 日,按照 2 月份检查计划对该地段进行设备检查,设备状态及几何尺寸未发现问题。

(4)探伤情况:2018 年 2 月 23 日,检查发现××线 K6+627 右股石方小腰轨头里口核伤 10 mm×9 mm。仪器为 GCT-8C 型,探伤数据如图 5-34 所示。

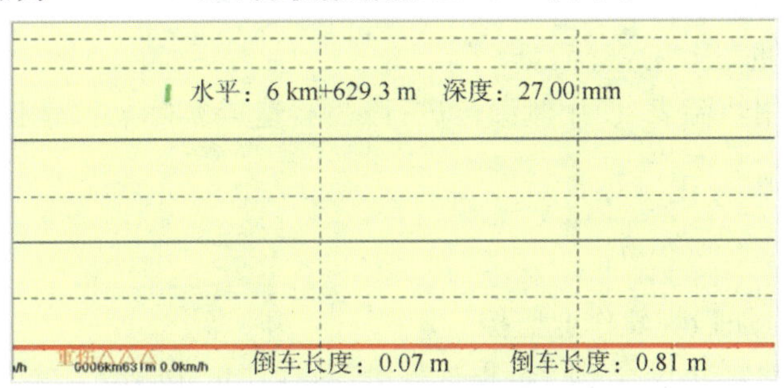

图 5-34　探伤回波显示

三、原因分析

1. 探伤未发现轨底三角区微观缺陷

2018 年 2 月 23 日,探伤在××线 K6+627 发现右股石方小腰轨头里口核伤 10 mm×9 mm,由于轨头核伤的影响未发现轨底三角区存在微观缺陷。3 月 8 日焊轨后,原计划 3 月 9 日探伤,在未探伤前发生断轨。

2. 焊轨热影响加剧微观缺陷发展

2018 年 3 月 8 日,对原发现的轨头核伤切除进行原位焊复,焊接时由于热影响区钢轨晶体组织发生变化,造成轨底下三角区部位存在微观缺陷疲劳源发展加剧,导致钢轨脆断。疲劳源为距焊缝边缘 26.5 mm、距轨腰外 11 mm 一约 3 mm 的原始黑斑。

铝热焊接头断裂侧面如图 5-35 所示，焊缝断口宏观形貌如图 5-36 所示。

图 5-35　铝热焊接头断裂侧面

图 5-36　焊缝断口宏观形貌

3. 焊轨时测温不准，影响焊缝质量

现场测轨温未使用轨温表，使用测温枪进行观测，造成实际轨温掌握不准，未及时调整焊接相关参数。

四、重点提示

1. 认真吸取教训，加强焊轨作业监控

使用执法记录仪对焊轨过程进行全程视频录像，焊轨记录表要真实，必须在焊轨现场填写后拍照。

2. 开展铝热焊缝探伤写实

对焊缝探伤情况进行写实，重点是原位焊复的焊缝，在伤损切除前的精确定位、焊后探伤及时准确方面。加强伤损的探伤精确定位，确保原伤损准确切除。

3. 加强焊缝焊接质量及保养工作

(1)做好焊轨全过程控制。从焊药的保存、焊药型号匹配、除锈、对轨、封箱、焊缝打磨、探伤等全过程控制焊轨质量，严格落实有关规定。

(2)做好焊缝的打磨。对新生焊缝现场作业班组必须严格按照焊接标准进行打磨；重视铝热焊缝外观检查和打磨，特别是轨头、轨底部位打磨要平滑，防止应力集中和影响探伤，确保焊缝平直度达到打磨验收标准。

4. 严格落实各项防断检查措施

(1)重点做好早晚岔区检查、钢轨手工检查、重点接头焊缝检查，确保检查全覆盖。

(2)探伤车间严格落实探伤作业标准,加强数据回放,对防断重点地段加强手工检查。

5. 提高防断应急处置能力

对防断抢险料具和现场备料进行一次全面排查,加强防断应急值班,结合实际开展有针对性地应急演练,提高防断应急处置能力。

【案例六】

一、基本概况

2018 年 11 月 22 日 3:45,××站至××站间第一接近红光带。接通知后,工务段立即组织人员赶往现场处置。

4:19,工务人员检查发现 K27+110 处曲下股焊缝断裂5 mm,立即通知驻站联络员在"运统—46"登记:经工务检查发现,××站至××站间上行线 K27+110 处左股焊缝断轨,请求封闭线路,进行紧急处理。4:35,工务人员进行臌包夹板和两侧各两条高强度螺栓加固,如图 5-37 所示,拧紧螺栓处理完毕后,限速开通,××站至××站间××线 K27+050~+150 处限速 25 km/h。4:55,工务人员复紧两侧扣件后,××站至××站间××上行线 K27+050~+150 处限速 45 km/h。

图 5-37 断轨紧急处理

7:10,工务人员请求更换重伤钢轨,登记:经工务检查发现,××站至××站间××上行线 K27+090~+120 处左股钢轨重伤,危及行车安全,需立即更换。7:43,工务部门更换完毕,登记:××站至××站间××上行线 K27+090~+120 处左股重伤钢轨更换完毕,恢复正常。

二、现场调查情况

1. 设备概况

××线上行 K27+110 断轨地段位于曲线下股,半径 750 m,该曲线 2011 年 5 月 11 日大修上线,为 60 kg/m 钢轨无缝线路;钢轨为攀钢 PG_4,2011 年 3 月生产,单元轨条全长 1 035 m(K27+885~K26+850),设置位移观测桩 5 对,锁定轨温 30 ℃。Ⅲ型轨枕,碎石道床。线路坡度为 0.5‰上坡道,坡长 230 m(起止里程 K27+180~K26+950),K27+180~K30+270 间为连续 8 个大坡度(下坡)地段,最小坡度 11.5‰、最大坡度 13.2‰,线路允许速度为70 km/h。

断缝处为铝热焊缝接头,2016 年 9 月 15 日 K27+110~+120 m 曲下股插入 10 m 短轨,插入短轨为攀钢 60 kg/m PG_4 新轨,作业轨温 29 ℃。2016 年 11 月 1 日,K27+110 和 K27+120 现场铝热焊 2 头,焊接作业轨温 8 ℃,且都为法焊,断缝两侧钢轨均为攀钢 PG_4 钢轨,焊剂型号为 QP7CPG4(法焊 PG_4),焊剂生产日期为 2015 年 3 月 19 日。

该区段线路 2017 年末累计通过总质量 882.2 Mt,此焊缝累计通过总质量约 240 Mt。

2. 静态设备检查情况

2018 年 11 月 5 日,对××线上行 K26+000～K28+600 进行设备检查,计划时间 11 月 5 日7:00—11:00,实际时间 11 月 5 日 7:00—11:00,几何尺寸无临时补修病害,钢轨状态良好,扣件扭矩力达标、石砟饱满,无翻浆冒泥、无空吊,轨枕间距满足要求,现场设备良好。

2018 年 11 月 15 日,检查上行线 K26+000～+800(第 30 号单元)单元轨条无缝线路位移情况,计划时间 11 月 15 日 7:00—11:00,实际时间 11 月 24 日 7:00—11:00,钢轨位移无超限。

3. 钢轨手工检查情况

2018 年 11 月 19 日,车间干部带班在××线上下行 K24+000～K31+000 进行线路手工综合检查,检查钢轨状态良好。

4. 轨道检查车检查情况

2018 年 10 月 18 日,轨道检查车检查状态良好,无Ⅱ级及以上超限。

5. 线路作业情况

2018 年 11 月 15 日,天窗内 1:05—3:05 在××线上下行 K27+000～K28+600 进行线路捣固、垫撤板作业,线路设备正常。

6. 钢轨探伤检查情况

(1)母材探伤情况:根据规定,××线上行探伤周期 10 遍/年;段规定探伤周期为 7～10 天/遍;探伤车间规定探伤周期为 7 天/遍。

①2018 年 11 月 21 日,××上行线××站至××站间 K27+110～K31+400 探伤作业,检查无伤,数据分析无伤。K22+600～K27+100 探伤作业。检查无伤,数据分析无伤。

②2018 年 11 月 15 日,××上行线××站至××站间 K27+110～K31+400 探伤作业,检查无伤,数据分析无伤。

③2018 年 11 月 9 日,××上行线××站至××站间 K27+110～K31+400 探伤作业,检查无伤,数据分析无伤。

(2)焊缝探伤情况:根据规定,普速线路铝热焊缝探伤周期为半年/遍,具体探伤情况如下。

①2018 年 7 月 6 日,××线上行 K22+800～K27+200 焊缝探伤作业,检查无伤。

②2018 年 2 月 13 日,××线上行 K24+000～K28+500 焊缝探伤作业,检查无伤。

7. 断轨及断面情况

(1)断轨地点情况:位于××线上行线 K27+110 曲线左股(缓和曲线下股),断面为月牙形,与地面成 90°角,如图 5-38 所示。现场轨温 1 ℃,钢轨拉开 5 mm,断口东侧为 2011 年上线钢轨,西侧为 2016 年上线钢轨,断口位于焊缝东侧母材,断口在轨枕空上,断缝中心距轨枕边缘 230 mm,焊缝平直度+0.2 mm/m,线路无失效轨枕,无翻浆、空吊,联结零件齐全有效、扭矩力达标,断缝前后 100 m 线路几何尺寸无超临时补修病害。

(2)折断钢轨断面分析:钢轨垂直磨耗 3 mm,侧面磨耗 0 mm,钢轨断面里口轨头下颚存在 4 mm×9 mm 半圆形核伤,距熔合线 13 mm,位于焊缝软化区,对应核伤处焊筋边缘存在溢流飞边 22 mm×7 mm,核伤区域呈浅褐色,断面其他部位金属光泽鲜明,如图 5-39 所示。

图 5-38　铝热焊接头断裂侧面

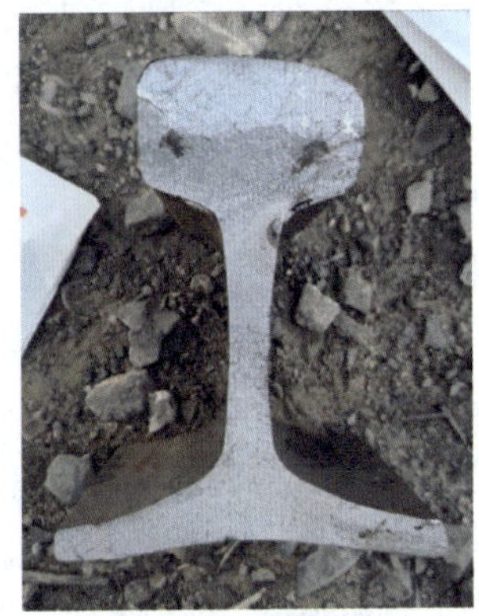

图 5-39　焊缝断口宏观形貌

三、原因分析

此焊缝在线上服役 2 年 21 天，钢轨母材焊缝软化区内存在原始疲劳源，在焊接加热过程中，造成母材焊缝软化区晶体组织结构发生变化，加之对应核伤处焊筋边缘存在溢流飞边，造成此处应力集中，在重载列车长期冲击下产生并发展为 4 mm×9 mm 半圆形核伤，由于气温骤降，钢轨内部收缩应力增加，致使疲劳源迅速发展，在列车重荷载冲击下导致钢轨一次性脆断。

四、存在问题

1. 焊接工艺落实不到位

断轨处为 2016 年 9 月更换伤损钢轨，新旧轨垂直磨耗不匹配，插入轨高 176 mm，线上轨高 174 mm，高差 2 mm，使用法焊时，砂模打磨不到位，造成砂模密封不严，浇筑时钢水从缝隙处溢流出来，形成溢流飞边，是引发核伤直至断轨的重要原因。

2. 技术管理不到位

(1)在防断措施中虽然对 PG_4 钢轨地段纳入重点地段，加密了探伤周期，但对焊缝基础台账掌握不全面，对以前使用的法焊焊缝存在溢流飞边危害性认识不到位，对此类问题不掌握，就更谈不上制定针对性的措施，是此次断轨的重要原因。

(2)无缝线路管理不到位。断轨地段的无缝线路卡片未记录插入短轨、焊连、焊接轨温等信息，2018 年前的无缝线路管理不规范。此外，无缝线路、探伤主管人员和钢轨、焊接主管人员更换频繁。

3. 标准意识差

通过视频回放检查，发现焊接人员存在锤击浇筑棒、打磨过快发蓝、边角打磨不彻底的问题。

4. 不重视接头保养

断轨焊缝处虽无明显空吊、超厚垫板，平直度良好，但是线路上还存在着不少超厚垫板、空吊、平直度不良的铝热焊接头，由于大部分车间、工区不能进行综合性整修，所以存在接头维修周期短、断轨隐患大的问题。

五、重点提示

1. 完善技术管理，制定针对性措施

加强铝热焊缝平推检查，详细调查溢流飞边、打磨不到位、平直度不良、垫板超厚的焊缝，完善焊缝台账，利用冬季维修及焊轨工作量少的时机进行平推打磨、综合性整修工作。

2. 加强管理，严控焊接工艺

(1)采取“自查”和聘请专家“他查”的方式，定期检查焊轨工艺执行情况，彻底改掉焊接“坏毛病”“坏习惯”，提升干部职工焊接标准化作业意识，从源头上提高焊接质量。

(2)加强现场盯控并做好执法仪录像回放分析，卡控作业程序和关键项点。

(3)加大焊接技术培训力度，提高焊接质量。

3. 加强钢轨探伤，探索探伤方法

(1)针对此次轨头下颚处小核伤等探伤不易发现的伤损，积极研究探索新方法，通过做伤损、回收伤损轨等措施，提高探伤检出能力。

(2)针对焊缝软化区钢轨强度较低的特性，焊缝探伤将熔合线边缘 30 mm 范围内钢轨作为探伤重点，尽量扩大探头扫查范围，合理设置灵敏度，尽量发现较小的伤损。母材探伤遇铝热焊缝时降低推行速度，严格落实尺量法，避免混淆焊筋波与伤波。

4. 加强技术管理工作

(1)加强焊接和探伤人员的专业性培训，提高专业水平。

(2)对无缝线路卡片进行全面梳理、补充，规范无缝线路记录管理。

(3)加强无缝线路分析，切实掌握现场实际情况，对不放心处所进行无缝线路锁温测试，发现超限处所及时安排放散。

5. 加大重点地段养护

(1)对超厚垫板、空吊、平直度不良的铝热焊接头进行建账、整修。

(2)对新焊缝进行精磨达到平直度要求，接头前后 3 m 范围内无空吊板、无板结翻浆、无超厚垫板、石砟饱满。

【案例七】

一、基本概况

2018 年 12 月 6 日 19:08，××线上行××站第一离去发生红光带。19:15，检查人员到达现场进行设备检查。19:38 检查发现××线上行 K340＋535 处左股钢轨铝热焊缝垂直断裂，断缝 20 mm。通知车站封锁线路，采取紧急处理措施，使用急救器对断缝加固，在断缝两端各 50 m 范围内复拧扣件螺栓。19:48 开通线路，限速 25 km/h 放行列车。随后立即组织备轨，12 月6 日 22:18 申请临时抢修点，更换钢轨 1 根(轨型 60 kg/m、长度 7.25 m)，并对钢轨采取打磨处理。22:58 恢复正常，放行列车。

二、现场调查情况

1. 设备基本情况

断轨地点为××线上行 K340＋535 处，位于曲线地段(R＝1 004 m)，为无缝线路，锁定轨温 30 ℃，Ⅲ型混凝土枕、弹条扣件，轨型为 60 kg/m U75V 型，线路坡度 1.8‰，线路允许速度 110 km/h。

现场设备几何尺寸无超限(轨距最大＋3 mm、最小 0 mm，水平最大 3 mm)，联结零配件齐全、扭力良好，石砟饱满，无吊板现象。

2018 年 6 月 27 日进行焊接，焊剂类型为法焊。

2. 现场断缝情况

断轨处位于左股(曲线上股)，钢轨焊缝垂直断裂，断缝拉开20 mm。通过断缝观察，轨底及轨腰存在细微夹渣，如图 5-40 和图 5-41 所示。

图 5-40 铝热焊接头断裂侧面

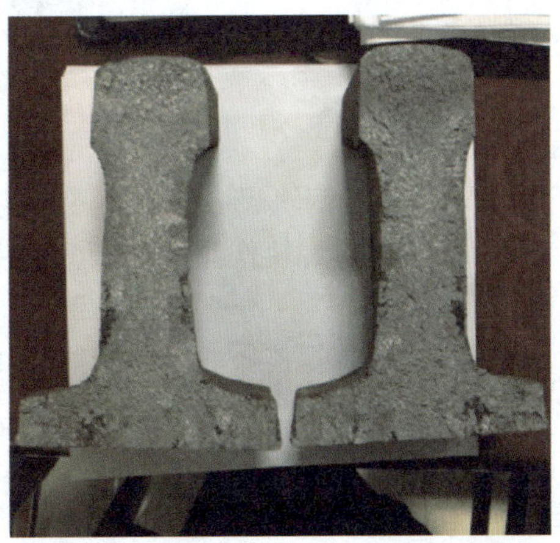

图 5-41 焊缝断口宏观形貌

3. 探伤检查情况

(1)焊缝探伤情况:2018 年 6 月 29 日,对此处焊缝进行焊缝探伤,检查未发现异常。

(2)母材探伤情况:母材探伤周期为 40 天/遍,最近一次母材探伤是 2018 年 11 月 16 日,对该区段进行探伤检查,出波情况正常。

(3)数据回放分析情况:当日数据分析该处探伤检查走行速度 1.4 km/h,耦合情况良好,灵敏度正常。未发现异常波形。

4. 设备检查及作业情况

(1)该区段线路最近一次检查为 2018 年 12 月 4 日,天窗点外对××线上行 K335+500~K347+000 进行设备检查,未发现问题。

(2)近 2 周内,该地段无维修作业。

三、原因分析

通过对断轨处断面进行分析,断面存在夹渣,在低温及列车荷载冲击下造成断轨,是此次钢轨折断的直接原因。

钢轨焊接时,焊剂未充分混合均匀、轨端清理不彻底、预热温度不足等,是造成夹渣的主要原因。

四、存在问题

1. 焊接作业标准不落实,造成焊缝夹渣和外观不良

(1)焊接时未按"将焊剂倒入坩埚中,倾倒三次以上使其混合均匀"规定,造成焊剂中铝粉、铁粉等未充分混合均匀,导致反应异常。

(2)焊接时对轨端清理不彻底,加之预热温度 650 ℃,未达到 850 ℃~900 ℃的要求,反应不充分,造成熔渣等废物不能彻底排出。

(3)焊接作业轨底处封箱时,封箱泥不饱满,造成轨底钢水溢流,形成凸台。

(4)对焊筋柱处理不当,造成焊筋与轨底连接部位存在缺陷。

2. 对标准掌握不清,技术管理不细

对焊接预热温度标准掌握不清,仍执行旧标准。插入 20 m 胶接绝缘轨后,未在无缝线路技术卡片记事栏内记录换轨和焊接情况,高温焊接后也未安排无缝线路应力调整等。

五、重点提示

1. 严格执行钢轨焊接要求

(1)严格落实焊轨作业标准,重点消除夹渣、气孔和松散组织,并确保推凸到位、表面光滑平顺。

(2)严格执行焊接作业程序,对焊接的关键项点和关键环节逐项进行把控,总结存在的焊接问题,通过整改提高焊接质量。

(3)严格落实焊后粗打磨、精打磨质量标准,特别是焊筋、焊头、轨底角附近打磨要光滑、平整,不能有棱角、毛刺。在处理浇注棒时,应采用专用套管将两侧浇筑棒弯曲,确保不影响打磨作业。同时,在浇注棒底部刻槽,冷却后敲掉。

2. 加强专业技术管理

(1)加强焊接和无缝线路主管人员的培训,掌握相关标准,提高技术管理能力。

(2)全面梳理无缝线路技术管理资料,对技术卡片记事栏填写不全、不规范,技术资料不全,无缝线路分析不到位等问题及时整改。

【案例八】

一、基本概况

2019 年 10 月 8 日 5:08,××线××站内 6/106G 显示红光带。5:25 红光带消失,工务、电务登记设备正常;6:03 该区段再次显示红光带,6:10 电务登记设备暂时无法恢复,有关信号停用。工务段接通知后立即组织人员现场检查,5:25 到 106 号道岔,由东北环 K71+050 进站信号机绝缘接头向 6 号道岔方向检查,5:43 检查完毕,登记线路正常。6:05 再次接到车站通知 106 号道岔区段再次红光带,6:50,检查发现 K70+060 处 6 号道岔岔后右股铝热焊缝垂直折断,拉开 6 mm,立即通知驻站联络员办理封锁线路。驻站联络员 7:10 在"运统—46"登记:××线 6 号岔至 106 号岔间,K70+060 处因焊缝折断6 mm 封闭线路。经紧急处理,用臌包夹板和急救器加固,7:40 限速 25 km/h 放行列车。9:55—10:22 要点进行临时处理,更换一根长 8.320 m 短轨,开通后线路恢复正常。

二、现场调查情况

1. 现场设备情况

断轨处所位于 K70+060 南北走向直线地段,线路钢轨为 60 kg/m,钢种为 U75V 型,包钢生产。2019 年 4 月 14 日铺设上线,无缝线路,Ⅲ型混凝土枕,弹条扣件,碎石道床。

断轨处位于无缝线路固定区,铺设时锁定轨温 28 ℃,按列车上行方向线路坡度 0.2‰。

现场检查断缝处前后 100 m 线路,线路几何尺寸良好,无厚板、翻浆、空吊,道床阻力、扣件扭矩达标,零配件齐全。

2. 断缝断面情况

断轨处直线右股钢轨焊缝端口由轨头折线型断裂(轨头至下颚向左 10°角垂裂,从下颚至轨腰向右 10°角斜裂,轨腰至轨底垂裂),检查发现断轨时断缝拉开 6 mm,如图 5-42 所示。

图 5-42 铝热焊接头断裂侧面及断口宏观形貌

3. 探伤情况

(1)母材探伤情况:该区段母材探伤周期 60 天/遍,焊缝为 180 天/遍,最近一次母材探伤时间为 2019 年 9 月 2 日,现场作业过程中,执机人按照无缝检查速度检查,K70+059 处检查速度为 2.3 km/h。

(2)焊缝探伤情况:此铝热焊缝焊接时间为 2019 年 4 月 14 日,4 月 16 日焊缝探伤时,K2.5 轨头通道灵敏度 47 dB、K2.5 轨底角通道灵敏度 58.5 dB、K0 轨头通道灵敏度 82.5 dB、轨头串列式通道灵敏度 66 dB。

通过对此区段数据回放分析,未发现有疑似伤损波形。

4. 设备检查情况

该地段钢轨手工检查为每月一次,最近一次手工检查为 2019 年 9 月 29 日,检查设备正常。

三、原因分析

××站 6 号道岔岔后右股铝热焊缝(2019 年 4 月焊接)垂直折断,是造成红光带的直接原因。发生断裂的铝热焊缝在焊接时未焊透,在轨底三角区存在一处 70 mm×50 mm 未焊透金属组织,加之断轨时气温低、温差大,是造成断轨的直接原因。焊缝探伤未按标准作业,导致伤损未及时检出,是造成断轨的重要原因。

四、存在问题

1. 探伤管理存在不足

焊缝探伤时未落实标准化作业程序,应使用通用探伤仪全面探伤,但作业过程中简化程序,未全断面探伤导致数据不全,未发现该处伤损,致使安全隐患长期存在。

2. 防断意识淡薄,专业管理不到位

降温期间防断措施不到位,对新焊缝且为施工单位焊接的焊缝不重视,没有将施工单位焊轨产生的焊缝建立台账,专业管理缺失。

3. 应急处置不到位

(1)防断意识差。当日气温偏低,且在凌晨发生红光带,但工区并没有将红光带按照断轨进行处置,未携带断轨检查和处置工具,应急处置不力。

(2)驻站联络员业务素质差,在应急处理过程中未与车站值班员对故障发生区段进行确认。

五、重点提示

1. 吸取教训,精准制定防断重点

对近年来断轨故障措施整改情况、钢轨伤损情况、重点部位钢轨管控情况、防断措施落实情况以及探伤工素质等方面,精准分析规律和存在的典型问题,制定具体的防断检查项点,制定具体防断措施。

2. 加强探伤管理

(1)对工程单位焊接的所有铝热焊接头进行全面探伤检查。

(2)加强探伤管理水平,防止探伤漏判。采取干部跟班作业、完善回放分析等手段提高探伤人员责任心，确保探伤作业标准化。同时，对焊缝探伤人员进行重点培训，提高作业人员技术水平。

(3)加强探伤作业“慢走细检”等工作标准的落实，有效提高现场伤损检出率，并进行有效处置。

3. 加强专业管理

全面梳理委外施工改造产生的焊缝、胶接绝缘，建立台账，纳入管理。

4. 加强应急处置

(1)提高干部职工红光带敏感意识，发生红光带按照断轨进行检查处理，带齐抢修工机具，组织充足人员全面检查，及时处置。

(2)发生红光带时，驻站联络员要第一时间上台与车站值班员再次确认红光带位置，并与现场检查人员核对。现场检查人员要尽快使用断轨查找工具分段、分组进行查找，确保红光带范围全部检查到位。

(3)对防断备品、工机具、检查工具、备用轨进行全面的检查、补充、更新，特别是对断轨检查工具进行补充，确保应急处置备品有效。

(4)积极开展防断应急演练，加强应急处置办法的学习，提高应急处置能力。

【案例九】

一、基本概况

2020 年 1 月 30 日 0:22，××线××站至××站间上行线 722G 显示红光带，工务段接通知：××站上行二远离红光带。1:07 经工务检查发现××线上行 K73+135 右股铝热焊缝发生断轨，立即登记封锁线路进行紧急处理。1:20 经紧急处理后，限速 25 km/h 开通线路。

4:09 申请临时点更换钢轨，5:02 作业完毕，更换 6.4 m 钢轨 1 根。

二、现场调查情况

1. 现场设备情况

断轨区段线路为无缝线路直线地段，Ⅲ型混凝土枕、Ⅱ型弹条扣件，碎石道床，位于 0.1‰ 下坡区段；邯钢 60N U75V 钢轨，2018 年 10 月 26 日大修换轨上线，铺设锁定轨温 31 ℃，铝热焊缝为法焊。

断轨处断缝 12 mm，轨头下颚焊缝熔合线处存在疲劳源，如图 5-43 所示，断轨时轨温−5 ℃。经现场检查，线路几何尺寸、道床状态、联结零件、焊缝轨面平直度良好，无坍白、吊板。

2. 探伤检查情况

(1)探伤周期：××线母材探伤周期为 35 天/遍，铝热焊缝探伤周期为每年两遍，均严格按照周期进行探伤。

(2)最近一次母材探伤情况：2019 年 12 月 26 日，工务段探伤当日检查未发现伤损情况。数据回放分析情况，除正常焊筋波外未发现异常波形。

(3)前一次母材探伤情况：2019 年 11 月 27 日，探伤当日检查未发现伤损情况。数据回放分析情况，除正常焊筋波外未发现异常波形。

(4)焊缝探伤检查情况：2019 年 5 月 27 日，第一遍焊缝探伤，使用单 K2.5 探头和矩阵探

图 5-43　铝热焊接头断裂侧面及断口宏观形貌

头探测轨底部位；使用单 2.5 探头（灵敏度 65 dB）和 0°探头（灵敏度 30 dB）探测轨头部位，当日作业未发现异常。2019 年 10 月 17 日，第二遍焊缝探伤，仪器各通道探伤灵敏度符合探伤要求，除正常焊筋波外未发现异常波形。

3. 设备检查及作业情况

（1）该区段线路最近一次设备检查为 2020 年 1 月 8 日设备检查未发现异常；1 月 9 日组织手工检查钢轨未发现异常；1 月 28 日巡检未发现异常。

（2）该区段线路 2020 年 1 月 1 日—29 日无维修作业。

4. 无缝线路分析情况

××线观测周期每季度一次。最近观测日期为 2019 年 12 月 24 日，天窗点外在××线 K72＋600～K78＋620 进行无缝线路位移观测。

通过无缝线路爬行观测结果分析，该单元无爬行超限问题，无缝线路状态良好。

三、原因分析

断轨处轨头下颚圆弧焊缝熔合线边缘，存在高 5 mm×宽 8 mm 圆弧状疲劳源，在温度应力和列车荷载作用下造成折断。该处伤损发展速度较快，伤损较小时无法形成反射回波，探伤不易发现。

四、存在问题

1. 钢轨检查管理不到位

（1）手工检查钢轨只注重了表面和轨底外观缺陷，对轨头下颚轻微、细小的溢流飞边没有引起重视。

（2）对焊缝状态较好的处所检查项目不全，没有纳入各类检查和巡检的重点。

2. 探伤标准化落实不充分

（1）探伤作业对现场焊缝落实手工检查等措施有差距。

（2）现场作业时对焊缝处所的波形采取多种方式复核分析不够。

（3）对各周期数据回放结果对比分析不够。

3. 应急处置还需加强

（1）关键人员应急处置能力有待提高，在登记过程中驻站联络员未携带登记本，造成登销记时间较长。

(2)现场准备轨料方案不细致，人员分工和机具使用等流程安排不精确，造成准备钢轨时间较长。

五、重点提示

1. 吸取教训，进一步研判风险

(1)查找设备检查、探伤作业、无缝管理等方面存在的问题，举一反三，及时堵塞漏洞。

(2)认真研判安全风险隐患，及时向系统预警并督促落实。

(3)加强钢轨断面圆弧处所伤损研究，完善焊缝焊筋波形辨别方法，同时加强铝热焊溢流飞边处理。

2. 严格探伤和设备检查标准化落实

(1)严格落实探伤作业适当提高灵敏度的要求，同时加强对疑似伤损的手工检查和手持探头复核。

(2)严格落实探伤周期和各类巡检计划，提高病害检出率，确保检查覆盖率。

(3)将曲线、现场焊缝、钢轨状态不良等处所作为探伤和各类检查巡检的重点，及时发现问题并处置。

3. 不断提高应急处置能力

(1)加强对各类应急处置预案的学习，重点是断轨、道岔卡阻、晃车等，提高应急处置能力。

(2)处理非正常情况时，要认真按照程序指挥，提示关键环节，把控关键项点，确保信息准确、处理及时和处置过程的安全。

【案例十】

一、基本概况

2020 年 10 月 29 日 10:06，××线××站至××站间下行 0491G 轨道电路区段显示红光带，10:30 经电务检查设备正常，10:26 工务段对该轨道电路区段 K49＋100～K50＋500 进行设备检查。10:48 检查至 K50＋400，未发现钢轨异常。随即在车站登记，登记内容为经检查工务设备正常。然后折返进行二次检查，10:52 检查至 K50＋200 处发现右股钢轨折断，立即通知驻站联络员登记封锁线路，登记内容为经检查发现××线下行××站至××站间 K50＋220 处右股断轨，危及行车安全，立即封锁抢修。使用急救器进行紧急处理，对断缝前后 50 m 范围内扣件进行复紧，11:26 处理后限速 25 km/h 开通线路，11:49 第三列及后续列车限速 45 km/h。

14:31—14:50，申请故障修进行临时处理，更换 6.5 m 短轨 1 根，作业轨温 25 ℃，后开通线路。

二、现场调查情况

1. 设备基本情况

断轨处位于 K50＋220 圆曲线下股(曲线起终点里程 K49＋584～K50＋648，半径 2 800 m)，60 kg/m 钢轨跨区间无缝线路地段，U75V 钢轨，钢轨生产厂家为包钢，2005 年 11 月 21 日铺设上线，锁定轨温29 ℃，碎石道床，弹条扣件，上坡1.1‰(沿下行运行方向)，允许通过速度160 km/h，年通过总质量约76.937 Mt，累计通过总质量约1 077.12 Mt，现场检查断缝前后100 m线路几何尺寸无超限、零配件齐全有效。

2. 断缝断面情况

断轨属于母材断裂，断缝距离厂焊接头100 mm，断缝拉开3 mm。

轨底三角区存在两处褐色核伤：一处位于轨腰投影范围下宽30 mm×高14 mm半圆形疲劳源，疲劳区域呈褐色；另一处位于轨腰投影范围外长7 mm×高6 mm半圆形疲劳源，疲劳区域呈深褐色，小的疲劳源位于大的疲劳源的半圆内，如图5-44所示。

图5-44　钢轨断裂侧面及断口宏观形貌

3. 探伤作业情况

××线防断期探伤检查周期为30天/遍。工务段最近两次探伤日期为2020年10月22日和9月27日。

(1)2020年10月22日，按计划利用双轨探伤仪检查下行K43＋500～K64＋500区间。班组于10月21日23:25上道作业，22日2:00作业完毕。数据分析员当日上午接到数据后对该数据进行回放分析，未发现疑似伤损。探伤仪灵敏度、探头耦合和作业速度均在规定要求范围内。

(2)2020年9月27日，探伤车间按计划探伤检查××线K52＋800～K47＋600，探伤仪为小型探伤仪，探伤灵敏度设置在规定范围内。探伤车间数据分析组分析员，于28日上午接到数据后对该数据进行回放分析，此区段未发现疑似伤损，探伤作业走行速度在2.7～2.8 km/h，不超过3 km/h规定要求。

(3)探伤车检测情况。2020年10月9日和8月10日，钢轨探伤车对××下行线××站至××站进行钢轨探伤检测，未发现疑似伤损。

4. 检查情况及无缝线路分析情况

(1)最近一次设备检查为2020年9月11日，最近一次钢轨手工检查为2020年10月18日，经检查××线下行K49＋000～K52＋000几何尺寸无超限、钢轨状态无异常。

(2)无缝线路观测情况：无缝线路管理单元为K49＋100～K50＋400，断轨处所位于4号～5号桩之间(桩距300 m)，最近一次无缝线路观测为2020年9月23日，4号桩右股爬行量为1 mm，5号桩右股爬行量为2 mm，4号～5号桩右股实际锁定轨温为29 ℃。

5. 动态检测情况

2020 年 10 月 14 日，轨道检查车检测断轨前后 50 m 范围内无Ⅰ级及以上偏差。

6. 作业情况

近 4 周内在该地段未进行维修作业。

三、原因分析

(1)由于昼夜温差大，钢轨内部收缩应力增加，加之列车通过时断口处钢轨受负弯矩力作用，致使超期服役钢轨疲劳源迅速发展，在列车重荷载冲击下导致钢轨脆断。

(2)重点设备养护维修不到位，距离断缝 100 mm 处的厂焊焊缝存在低塌，造成断缝处所吊板，形成钢轨受力不均，为断轨埋下了隐患。

(3)对超期服役设备探伤过程中，存在超速问题，且未适当提高灵敏度，是造成轨底核伤未及时检出的原因。

四、存在问题

1. 重点地段管控不到位

对超期服役设备重视程度不够，没有将超期服役的钢轨纳入防断重点地段，也未采取探伤放慢速度、提高灵敏度和加密措施，且对现场存在的焊缝低塌病害整治不到位。

2. 应急处置不到位

(1)在上线检查过程中，轨道电路自动恢复，电务已销点，加之故障时间为上午 10 时，造成处置人员麻痹大意，存在侥幸心理，下意识的认为不会发生断轨，查找不仔细，第一次检查时未发现钢轨折断问题，盲目通知驻站联络员登记销点。

(2)应急响应不到位。进入防断关键期后，车间将防断应急工机具装车热备，当日上午车间安排装有应急机具的车辆参加路外环境处置工作，接到车间应急通知后在赶赴现场的路上又逢道路修路堵车，造成抢修机具未能在第一时间运至现场，致使应急处置时间用时较长。

五、重点提示

1. 加强探伤管理

(1)防断期内加密超期服役区段的探伤周期，由原来的 30 天一遍调整为 25 天一遍。

(2)提高小型探伤仪器 37°探头探伤灵敏度，在标定 60C 试块 2 mm、4 mm、6 mm 轨底横向裂纹的灵敏度值基础上，根据轨面状态提高 2～6 dB，以出现轨底锈蚀波为宜。

(3)加强对超期服役地段的探伤数据回放分析，发现疑似伤损当日现场复核。

2. 加强超周期服役钢轨检查和整修

(1)将超周期钢轨纳入防断重点地段，对超周期地段钢轨的动态检测数据每日进行分析，大峰值病害及时安排整修，并加强人工设备巡视检查。

(2)对现场存在的小峰值接头空吊病害、轨面不平顺、胶垫压溃等增加钢轨冲击力的病害要及时综合整治，改善受力，防止应力集中。

3. 提高应急处置能力

(1)对断轨应急处置预案中故障排查、现场处置、驻站登销记等关键环节进行再优化、再明确，严格执行预案相关规定，对故障范围要进行全面检查，确保断轨应急处置规范、有序。

(2)发生红光带后要严格按照断轨处置，检查人员要携带夹板、螺栓等紧急处理工具，车间要立即组织人员和防断备品赶赴现场,减少对运输的影响。

(3)积极开展防断应急演练,提高应急处置能力。

【案例十一】

一、基本概况

2020 年 11 月 10 日 3:59,××站通知 12 号道岔红光带,工务段随即组织人员赶赴现场进行检查。4:38 检查发现 12 号道岔尖前右股直基本轨焊缝垂直拉开 10 mm。在车站登记封锁后,使用急救器进行紧急处理,并对断轨地点前后 50 m 范围内扣件进行复紧。4:57 登记限速 25 km/h 开通线路,未影响列车。6:35—7:35,申请故障修进行临时处理,更换 6.022 m 胶接绝缘钢轨 1 根,作业轨温 1 ℃,后开通线路。

二、现场调查情况

1. 现场设备状况

断轨处位于××线上行××站 12 号道岔直基本轨前 K132+196 右股铝热焊缝,无缝道岔直线地段,0.5‰下坡,允许通过速度 120 km/h。轨型 60 kg/m、材质 U75,2018 年 12 月焊接,无缝道岔锁定轨温 27 ℃。断轨时环境温度 1 ℃,轨温 1 ℃。年通过总质量 78.89 Mt,断轨时设备处的通过总质量 905.86 Mt。

根据断口断面分析,在钢轨非作用边下圆弧处存在一个高 5 mm×宽 27 mm 圆弧状疲劳源,呈氧化色、撕裂状且无明显年轮发展痕迹,判断疲劳源发展时间较快,如图 5-45 所示。根据现场线路检查情况,断缝前后 100 m 线路几何尺寸不超限,焊缝处所存在吊板 3 mm。

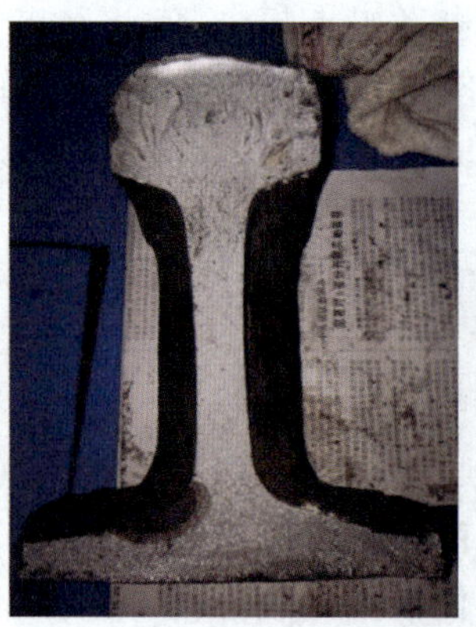

图 5-45 铝热焊接头断裂侧面及断口宏观形貌

2. 探伤作业情况

(1)母材探伤:××线防断期探伤周期为 15 天/遍。最近一次探伤日期为 2020 年 10 月 26 日,按计划利用母材探伤仪检查下行 K127+300~K132+600 区间、上行 K127+259~K126+942 及××站上行西岔区。当日执机人未发现疑似波形,段级数据分析员当日对该数据进行回放分析,未发现疑似伤损。

(2)焊缝探伤:2020 年 9 月 16 日,对上行 K133+600~K132+100 进行焊缝探伤,当日探测 35 个现场铝热焊缝。仪器型号为 9003H 型,轨底单 2.5 探头和轨底矩阵探头探测轨底,轨头单 2.5 探头、0°探头及轨腰扫查架探测轨头。现场作业未发现异常，当日段级数据回放分析员未发现异常情况。

3. 设备检查及作业情况

最近一次钢轨手工检查为 2020 年 10 月 4 日，经检查××站 12 号道岔钢轨及焊缝状态无异常。

11 月 9 日，检查工区设备周期检查该道岔，发现 12 号道岔尖前吊板 3 孔。

11 月 1 日—9 日，岔区早巡检，该道岔未发现异常。

11 月 3 日，××工区在 12 号道岔作业，作业项目为垫撤板、焊修铁垫板。

4. 无缝线路分析情况

无缝线路管理单元为××线上行××站 12 号道岔，断轨处所位于 1 号～2 号桩之间，最近一次无缝线路观测为 2020 年 9 月 14 日，1 号～2 号桩右股实际锁定轨温为 27 ℃。

三、原因分析

在钢轨非作用边下圆弧处存在一个高 5 mm×宽 27 mm 圆弧状疲劳源，由于近期昼夜温差大，钢轨内部应力增大，疲劳源发展迅速，在列车荷载冲击下导致焊缝折断。由于新旧轨焊接存在高低错口问题，焊接时轨底错口形成的溢流飞边是疲劳源的形成原因，如图 5-46 所示。由于该伤损发展较快，伤损较小时焊缝探伤作业无法形成有效反射回波，伤损检出率极低。

图 5-46　焊缝缺陷

四、存在问题

1. 铝热焊缝质量控制不到位

(1)该焊缝为 2018 年 12 月焊接，工艺为法焊，由于新旧轨焊接存在高低错口问题，作业时仅考虑了轨顶面对正，造成轨底错口形成溢流飞边，作业后处理不彻底。

(2)对焊缝日常检查和打磨处理不到位，对道床不良地段焊缝重视不够。

2. 设备检查和养护不到位

(1)手工检查钢轨时仅注重表面和轨底外观缺陷检查，对轨底部位下圆弧细小的溢流飞边没有引起重视。

(2)设备巡检时只注重结构性病害，对焊缝处所检查项目不细，没有纳入检查和巡检的重点。

(3)现场道床板结,焊缝处所存在吊板问题,加速了疲劳源发展,形成断轨隐患。

3. 焊缝探伤难点处所缺乏有效手段

(1)对影响探伤质量的焊缝溢流飞边问题未及时处置。

(2)探伤工现场操作手法单一,对焊缝轨底圆弧部位溢流飞边处所没有结合手工进行多角度全面扫查。

(3)对特殊部位疑难伤损缺乏探伤经验。

五、重点提示

1. 加强预警,吸取教训

对铝热焊接防断重点制定情况进行分析统计,对存在问题的焊缝进行整修。

2. 加强铝热焊接头重点问题排查

(1)对轨面不平顺、道床板结、吊板等问题以及综合状态较差的焊缝纳入防断重点处所;对基础病害进行平推处置,重点处置近两年新焊焊缝。

(2)存在溢流飞边影响探伤的,安排二次打磨和清理溢流飞边项目。

(3)组织对重点焊缝加密探伤一次。

3. 加强探伤管理

(1)探伤作为防断第一道防线,也是最后一道防线,加强探伤工的责任心和责任意识教育,严格执行探伤作业标准,加强对探伤难点的研究,充分发挥探伤作用。

(2)对焊缝探伤作业班组开展技术标准培训,提高探伤工手工检查或手持探头复核疑问处所的能力和水平。

(3)制作焊缝特殊部位疑难伤损试块,提高伤损识别能力。

(4)严格探伤数据回放分析,实现对现场作业的标准化控制。

【案例十二】

一、基本概况

2020 年 11 月 18 日 2:27,××线××站上行接近红光带,工务段接到通知之后立即组织人员赶往现场上线检查,3:05 检查发现××线 K36+450 处左股钢轨铝热焊缝断裂,断缝拉开 5 mm,立即通知驻站联络员在××站登记封锁线路,组织现场人员立即用臌包夹板及急救器紧急处理,并对断缝前后 50 m 范围内扣件进行复紧,3:46 处理后限速 25 km/h 开通线路。

4:55—5:05,临时要点钻孔加固后提速至 45 km/h,于 7:08—8:08 更换钢轨后恢复常速。

二、现场调查情况

1. 设备基本情况

断轨处所允许通过速度 80 km/h,年通过总质量约 46.087 Mt,累计通过总质量约 212 Mt,隧道外,0.3‰上坡;钢轨类型为 60 kg/m,U75V 热轧轨/U78CrV 热处理轨,生产厂家为攀钢;碎石道床,弹条扣件,直线地段,现场检查断缝前后 100 m 线路几何尺寸良好、无厚板、无空吊,零配件齐全有效,扣件扭矩达标。

2. 断缝及断面情况

断轨处所位于××线 K36+450 处左股铝热焊缝，垂直断裂，断缝拉开 5 mm，轨顶面下 10 mm 至轨腰中部存在 90 mm×60 mm 椭圆形暗斑，如图 5-47 和图 5-48 所示。

图 5-47　铝热焊接头断裂侧面

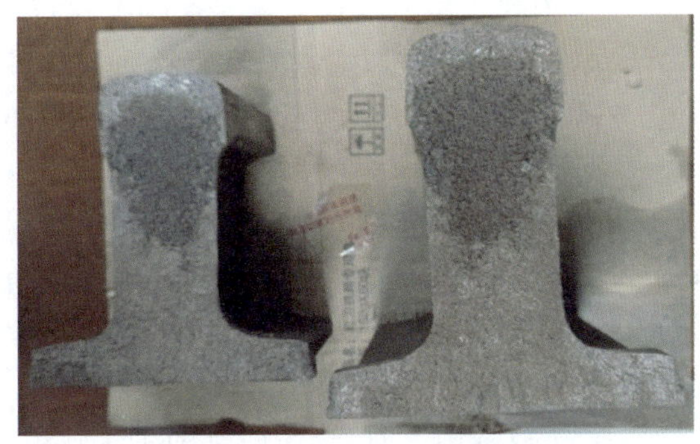
图 5-48　焊缝断口宏观形貌

3. 无缝线路情况

断轨处所位于无缝线路区段，2004 年 8 月 28 日大修换轨铺设，单元段为 K35+986～K37+515，其中 K35+986～K36+036 为缓冲区，锁定轨温 26 ℃。2014 年 11 月 26 日更换曲线上股 K36+450～+790 钢轨，锁定轨温 26 ℃，材质为 U78CrV 热处理轨。

由于前期大机清筛需要对该地段进行高温放散，后续于 2020 年 11 月 17 日在 K36+030～K37+080 处进行放散施工，放散后锁定轨温 25 ℃，插入 10 m 短轨进行焊连，插入里程为 K36+440～+450，作业轨温 10 ℃。

4. 探伤情况

计划于 2020 年 11 月 18 日(24 h 内)对该焊缝进行探伤。

5. 设备检查与作业情况

(1)设备检查：最近一次设备检查为 2020 年 11 月 8 日，检查结果为设备正常。

(2)施工作业：2020 年 11 月 17 日 11:00—13:30，××线××站内 6 号道岔(不含)至××线 K36+000 至 K37+050 处进行放散、焊轨施工。放散 1 050 m，锁定轨温 25 ℃，拉伸 161 mm。在 K36+440～+450 处左右股各插入 1 根短轨，焊接 4 头。

三、原因分析

钢轨焊接人员在钢轨预热过程中预热不均匀，局部预热温度过高，造成集中缩孔和疏松，加之同一股钢轨(10 m)两端同时焊接，两个焊轨组间存在相互影响，导致在轨顶面下 10 mm 至轨腰中部形成 90 mm×60 mm 椭圆形热裂纹，由于夜晚降雨气温降低，钢轨内部应力增大，发生钢轨折断。

四、存在问题

1. 焊接作业标准及相关要求落实不到位

(1)作业人员在钢轨预热过程中未严格执行《铝热焊接作业指导书》操作流程，预热器喷嘴位置不标准导致预热不均匀，轨腰温度过高，使轨腰焊缝处最后凝固，缺少轨头钢水补缩，发生缩孔疏松。

(2)对焊轨作业关键环节卡控不到位，对存在问题没有及时纠正。

(3)焊轨组技术业务水平仍需进一步提高，需加强对钢轨焊接作业标准的学习。

2. 铝热焊接全过程视频录像制度执行不到位

在焊接作业前焊轨组未认真检查录像设备状态，造成录像时长只有 10 s，未能全过程进行录像，导致无法对焊轨过程进行回放分析。

3. 焊接管理薄弱

(1)对焊接过程中预热等关键环节日常指导不到位。

(2)没有坚决贯彻全程录像制度，对焊轨组焊接视频检查分析发现的录像缺少、录像不全等问题未能采取及时有效的整改措施。

4. 施工组织不周

安排放散施工时，未考虑到两个焊轨组在同一股短轨两端同时焊接时相互影响，易造成对焊接钢轨的扰动，进而影响焊接质量。

五、重点提示

1. 严格执行钢轨焊接工艺标准要求

(1)严格落实焊轨作业标准，重点卡控焊剂选用、对轨、预热、推凸等关键环节，采用测温计测量，确保符合技术要求。

(2)严格落实焊后粗打磨、二次精打磨质量标准，特别是焊筋、焊头、轨底角附近打磨要光滑、平整，不能有棱角、毛刺。

(3)严格卡控焊接作业程序和关键项点。

2. 加强专业技术学习培训

(1)组织专题铝热焊接培训，以理论培训及现场实作相结合的形式开展。

(2)加强钢轨铝热焊接工艺流程的学习，掌握相关标准，提高业务能力。

(3)开展钢轨焊接技术比武，提高业务水平。

3. 加强钢轨全过程焊接视频录像管理

(1)对各焊轨组视频录像设备进行全面排查，对存在问题的录像设备进行补充或修理，保证焊接过程设备良好，焊接录像清晰。

(2)明确视频录像负责人，负责检查确认录像设备工作状态及全过程录像情况，并建立焊接视频录像整理核对上报机制。

(3)加大对焊轨的检查力度，明确量化要求和检查重点。

4. 严格落实新焊缝 24 h 内探伤制度

(1)对新焊缝当日焊接完毕后安排探伤，不得超过 24 h。

(2)建立完善沟通联系机制，焊轨后及时通知探伤车间，确保实现新焊缝的探伤，探伤完毕需在焊接记录单上签字确认。

5. 加强焊接组织管理

钢轨焊接工作必须由专业队伍和受过培训合格的专业人员承担。实行专业化管理，成立钢轨焊接专业队伍。每个焊轨作业组至少包含 3 名具有钢轨铝热焊接培训合格证的焊轨人员。加强焊轨施工过程中的技术流程管理以及各流程中作业标准的盯控。

6. 加强施工组织

组织放散施工需插入短轨时，不得安排两个焊轨组同时在同一股短轨两侧同时作业，焊接过程中严禁拉伸、撞轨、起道等扰动钢轨的作业，确保焊接过程中焊口稳定。

【案例十三】

一、基本概况

2020 年 12 月 6 日 2:47，××线××站上行二离去区段红光带，工务段接到通知后立即组织人员赶往现场。3:46 经检查发现上行 K49＋000 处曲上股断轨，断缝 10 mm，如图 5-49 所示。工务进行紧急处理，4:14 加固完毕，限速 25 km/h 开通线路。6:30，申请临时点更换 7.25 m 钢轨一根。

图 5-49 断轨现场

二、现场调查情况

1. 设备概况

断轨处位于 K49＋000 处右股焊缝，普速无缝线路，曲线上股(半径 600 m)，1.7‰上坡，路基地段，Ⅲ型混凝土枕，碎石道床，弹条扣件，轨枕根数 1 667 根/km，设计允许速度 80 km/h，年通过总质量 72.85 Mt，断轨时通过总质量 426.81 Mt。

上行线 K48＋376～K49＋796 为 2009 年 10 月 9 日铺设，钢轨型号为包钢 P60-U75V，无缝线路锁定轨温 30 ℃。2020 年 11 月 30 日在 K49＋000～＋400 更换双股钢轨 400 m，锁定轨温 26 ℃，焊 4 头，焊缝为德焊，作业轨温 10 ℃，断轨时轨温 0 ℃。

2. 断口情况

在焊缝中心处轨腰及轨底中央(三角底边距轨底 17 mm)三角区存在一处 37 mm×25 mm 三角形疏松区域，焊缝非作用边轨底上侧存在少量铁水溢出，如图 5-50 和图 5-51 所示。

3. 探伤情况

(1)焊缝探伤检测情况。2020 年 12 月 1 日，进行新焊缝探伤检查，未发现伤损情况。对该数据进行回放分析，未发现疑似伤损。

图 5-50　焊缝断口断面宏观形貌

图 5-51　焊缝非作用边轨底缺陷

（2）母材探伤作业情况。××线母材探伤周期 35 天/遍，最近一次探伤日期为 2020 年 11 月20 日，焊接后未进行过母材探伤。

4. 近期设备检查情况

（1）设备检查：最近一次设备检查为 2020 年 12 月 1 日，检查结果为设备正常。

（2）车载情况：对 2020 年 11 月 5 日至 12 月 6 日该区段前后 50 m 车载数据情况进行分析，无Ⅰ级及以上超限数据。

（3）轨道检查车情况：最近一次轨道检查车检测为 2020 年 9 月 10 日，对前后 50 m 数据进行分析，无Ⅰ级及以上超限数据。

三、原因分析

该焊缝采用德焊 5015 参数进行焊接，氧气压力为 0.45 MPa，低于规定标准 0.5 MPa，造成预热不足，影响钢液的流动性，加之坩埚封堵不严造成焊缝非作用边轨底上侧存在少量钢水溢出，导致钢轨下三角区凝固时不能及时补充钢液，从而形成底边三角形疏松区，是断轨的直接原因。

在低温焊接不利条件下，焊接多种参数使用上限，多种不利因素叠加是焊接质量不高的重要原因。一是使用 5015 参数进行焊接，预热时间仅仅达到下限 2 min；二是轨头轨缝宽度为 30 mm，是德焊工艺的上限；三是作业时段为下午，轨温呈降温趋势，焊接过程中钢轨存在一定收缩；四是预热枪在放置过程中调整不认真。

四、存在问题

1. 焊接作业标准落实不到位

（1）未严格执行《铝热焊接作业指导书》操作流程。在焊轨预热时间、预热枪调整、气体压力控制、视频录制等多个环节存在不规范问题。

（2）对焊轨作业关键环节卡控不到位，对存在问题没有及时纠正。

（3）焊轨组技术业务水平仍需进一步提高，需加强对钢轨焊接作业标准的学习。

2. 铝热焊接全过程视频录像制度执行不到位

(1)在焊接作业过程中,焊轨组未认真检查录像设备状态,坩埚纸箱长期遮挡摄像角度,个别人员经常在摄像机前站立,造成部分视频看不到焊缝。

(2)对气体压力、轨缝数值等计数的录制过程中未能使摄像机清晰记录,存在应付思想,只管录像,不管能否看清,造成数据分析困难。

3. 焊缝外观打磨不到位

(1)焊接后未对轨腰和轨底进行精细打磨,造成溢流飞边没有及时处理,影响后续探伤工作。

(2)对焊缝外观不良的情况,没有按照规定及时反馈,没有及时安排打磨。

五、重点提示

(1)专项检查铝热焊接视频,对铝热焊接视频记录进行分析。找出存在的惯性问题,形成分析报告。

(2)做好焊缝探伤工作,建立影响探伤地段台账。探伤作业时,对于溢流飞边、钢轨轨面耦合等各种原因影响探伤的纳入影响探伤地段台账,及时更新上报,尽快处理,并重新探伤。

(3)通过跟班作业、理论学习、实作培训等形式加强焊接作业技术,做到全员覆盖。

【案例十四】

一、基本概况

2020 年 11 月 28 日 15:00,××线上行 1572G 红光带。15:42 检查人员检查发现上行 K156+080 处右股焊缝处拉开 8 mm,如图 5-52 所示。16:08 抢修人员加固完毕,限速 25 km/h 开通线路。

图 5-52　铝热焊接头断裂侧面

二、现场调查情况

1. 线路概况

断轨处位于普速无缝线路,正线,曲线上股(半径 601 m),4.8‰下坡,路基地段,Ⅲ型混凝土枕,碎石道床,弹条扣件,轨枕根数 1 667 根/km,设计允许速度 90 km/h。年通过总质量约

94.455 Mt，累计通过总质量约 103.9 Mt。

2. 设备检查情况

(1)静态设备检查情况

最近一次设备检查为 2020 年 11 月 27 日，检查结果为设备正常。

(2)轨道检查车检查情况

①车载情况：对 2020 年 10 月 27 日至 11 月 28 日该区段前后 100 m 车载数据情况进行分析，无Ⅰ级及以上超限数据。

②轨道检查车情况：最近一次轨道检查车检测为 2020 年 11 月 12 日，对前后 100 m 数据进行分析，无Ⅰ级及以上超限数据。

(3)钢轨探伤检查情况

①母材探伤作业情况：××线防断期探伤检查周期为 15 天/遍。最近一次探伤日期为 2020 年 11 月 20 日，现场探伤未发现异常。当日下午进行回放分析，未发现疑似伤损。

②焊缝探伤检测情况：最近一次焊缝探伤日期为 2020 年 6 月 9 日，作业地点为上下行 K152＋000～K161＋200，现场探伤未发现异常。对该数据进行回放分析，未发现疑似伤损。

③上线后第一次探伤：2019 年 10 月 18 日，进行新焊缝探伤检查，未发现疑似伤损波形。

3. 线路作业情况

该地段最近一次作业为 2020 年 10 月 28 日在 K154＋600～K159＋000 利用小型养路机械整治线路病害，改道 56 头、垫板 13 头。作业轨温 26 ℃～28 ℃。

4. 焊缝情况

上行线 K156＋264～K155＋267 钢轨为 2013 年 3 月铺设新钢轨，钢轨型号为 P60-U75V，包钢生产。无缝线路锁定轨温 28 ℃，断轨时轨温－5 ℃。

该处铝热焊于 2019 年 10 月 17 日 13:02—16:02 插入 25 m 钢轨焊接。该焊接接头钢轨型号为 60 kg/m 钢轨，钢种为 U75V，生产日期 2013/2019 年。焊缝为德焊。

5. 断缝情况及断面分析

(1)断缝情况：断轨处位于上行 K156＋080 右股焊缝处，断缝中心距轨枕边缘300 mm，线路无失效轨枕，无翻浆，联结零配件齐全，断缝前后 100 m 线路几何尺寸良好。断缝拉开 8 mm，轨温－5 ℃。

(2)断面分析：在钢轨非作用边距钢轨底角边 30 mm 处，存在一个宽 25 mm×高 5 mm 月牙形状锈蚀伤损，如图 5-53 和图 5-54 所示。

图 5-53　焊缝断口宏观形貌

图 5-54　断面局部放大

三、原因分析

熔合线处溢流飞边是伤损产生的直接原因。

(1)焊接时未对轨底部位进行精磨，溢流飞边处理不彻底，导致溢流飞边处应力集中，由于近期气温低，疲劳源发展迅速，在列车荷载冲击下导致焊缝折断。

(2)对焊接作业方案制定和焊接现场作业组织等方面检查少，没有及时发现和解决焊接中存在的各类问题。

(3)焊接录像制度落实不到位，只对焊接准备到推凸过程进行了录像，后续打磨未进行录像。

四、存在问题

1. 作业组织存在漏洞

2019 年该地段换焊作业中，由于施工组织不力，焊轨后精细打磨时间不足，擅自变更作业方案，将该焊缝进行四眼加固处理。

2. 专业管理弱化

对焊接作业技术管理、指导不力，没有及时发现和解决焊接中存在的各类问题。

五、重点提示

1. 加强焊轨作业管理

严格执行焊轨作业各项流程标准，对焊后溢流飞边必须进行彻底打磨处理，并全过程录像，发现非标作业及时纠正，保证焊轨质量。

2. 对管内溢流飞边进行全面排查整治

对管内铝热焊缝溢流飞边问题进行全面排查、建账，并打磨整治，防止再次发生因焊缝溢流飞边处应力集中造成责任断轨。

3. 加强探伤管理

(1)探伤作业时，对打磨不到位影响探伤作业的焊缝，以及钢轨轨面状态不良影响探头耦合的，应建账上报，及时安排打磨处理。

(2)提高探伤人员发现疑难伤损的技能水平。

【案例十五】

一、基本概况

2021 年 8 月 28 日 5:39,××上行线××站至××站三接近轨道电路红光带,6:33 经工务检查发现 K44+495 处左股铝热焊缝断轨,如图 5-55 所示。6:55—7:55,对断轨地段进行换轨作业后开通线路,首列限速 25 km/h,第二列限速45 km/h,后恢复常速,未影响行车。

二、现场调查情况

1. 设备情况

(1)断轨处位于直线,无缝线路地段,锁定轨温 28 ℃,钢轨类型为 60 kg/m。碎石道床,弹条扣件,0.7‰下坡,允许通过速度 90 km/h,年通过总质量约 32 Mt,累计通过总质量约 80 Mt,现场检查断缝前后 50 m 线路几何尺寸无超限、零配件齐全,近期无车载Ⅱ级大值出现。

(2)上行 K44+495 处左股铝热焊缝垂直断裂,断缝拉开 2 mm,轨头掉块 85 mm×73 mm×25 mm,轨腰中下部存在 8 mm×5 mm×15 mm 缩孔,如图 5-56 所示。

图 5-55　断缝现场

图 5-56　焊缝断口断面宏观形貌

2. 设备检查与作业情况

(1)该焊缝于 2019 年 3 月 27 日由专业维修工区焊接完成,作业时轨温 2 ℃。

(2)设备检查:该地段最近一次设备检查为 2021 年 8 月 23 日,检查结果为设备正常。

(3)焊缝探伤作业:铝热焊焊缝探伤周期为 180 天/遍。最近一次探伤日期为 2021 年 3 月 23 日,未发现疑似伤损。

三、原因分析

初步判断造成此次断轨的原因为焊接过程中焊剂存在受潮,同时钢轨预热不均匀造成轨底中央三角区内部缩孔焊接缺陷,在列车荷载作用下由此处扩展诱发轨底、轨腰内部裂纹,至轨头下颚处裂纹逆行车方向斜向发展，在列车碾压作用下轨头上部剥离掉块，形成月牙形凹槽。

四、存在问题

1. 焊接管理方面

(1)该焊缝焊接时存在多处操作不规范情况，焊接现场作业混乱。

①焊剂选择错误：现场焊缝两端钢轨分别为 U71Mn/U71Mn，焊剂应选择 Z90，焊轨记录单记录为 U75V/U75V，焊剂为 Z100。

②气体压力参数错误：德焊工艺要求氧气压力 0.45 MPa，丙烷压力 0.12 MPa；现场实际氧气压力 0.49 MPa，燃气使用煤气，压力为 0.07 MPa。

③天气原因：当日天气小雨，焊轨记录为晴天，焊接过程中未打伞，存在焊剂受潮的可能。

④关键时间卡控不到位：德焊工艺要求，推凸时间在第 7 分钟 40 秒至第 8 分钟，现场实际开始推凸时间为第 7 分钟。

⑤现场干部盯控不到位，未对焊剂选择、对轨、预热、推凸、保温等关键环节卡控。

(2)工务段管内共计 5 个焊轨组，其中综合机修车间 1 个、线路车间 4 个。在有效期的型式检验证书有 1 个，为德焊 60kg/m 钢轨 U75V/U75V，现尚未覆盖钢轨、轨种型式检验为德焊60 kg/m 钢轨 U75V/U71Mn、60 kg/m 钢轨 U71Mn/U71Mn。有效期的生产检验证书有 5 个，均为德焊 60 kg/m 钢轨 U75V/U75V，现尚未覆盖钢轨、轨种生产检验为德焊 60 kg/m 钢轨 U75V/U71Mn、60 kg/m 钢轨 U71Mn/U71Mn。均不符合文件要求。

(3)工务段共计有焊轨组 5 个，其中具有焊接资格证书且在有效期内的共有 9 人，只有综合机修车间焊轨组满足 3 人，剩余 4 个焊轨组均不满足。发生断轨的焊缝由线路车间焊轨组焊接，此焊轨组有焊接资格证书且在有效期内的只有 1 人，不符合“每个焊轨作业组至少包含 3 名具有《钢轨铝热焊接培训合格证》的主要焊轨人员”规定。

2. 探伤管理方面

(1)焊缝探伤作业人员技术水平差，未严格落实焊缝作业指导书要求，作业手法和探头角度存在问题，造成在 2 年多时间四个周期探伤中均未发现该处原始缺陷。2020 年 4 月 25 日轨头串列式探伤时长不够。

(2)探伤超周期，钢轨母材探伤周期为 50 天/遍，2021 年 6 月 8 日探伤完毕后，原计划7 月 27 日安排天窗进行双轨式探伤作业，因降雨被取消。探伤工区在探伤管理系统中登记完成，且车间、工区没有及时安排补探。

(3)段、车间管理干部完成量化数据分析后没有及时写实。车间数据分析组没有实现 100%数据回放分析，对周期未完成的问题没有及时发现上报。

五、重点提示

1. 焊接管理方面

(1)对 2019—2021 年间完成的焊缝进行专项检查，重点对焊剂选择、焊缝状态、轨面平顺度、道床情况、轨下胶垫情况进行摸底，形成问题库，及时整修，消去断轨隐患。

(2)对焊轨人员组织进行改革，撤销线路车间焊轨组织，各焊轨组由综合机修车间独立管理，实现焊轨专业化管理，满足相关文件要求。

(3)及时安排各焊轨组进行型式检验和生产检验,确保符合文件规定。

(4)严格执行焊接干部跟班作业制度,对焊接的关键环节逐项进行盯控,总结存在的焊接问题,提高焊接质量。线路车间严格落实焊后粗打磨、二次精打磨质量标准,特别是焊筋、焊头、轨底角附近打磨要光滑、平整,不能有棱角、毛刺、溢流飞边。

2. 探伤管理方面

(1)加大干部职工培训力度,通过疑难试块练兵,执行标准化作业,掌握作业标准,提高业务水平。

(2)探伤管理系统录入严禁弄虚作假,将周期问题摆在明面,以便各级人员掌握周期实际情况,及时采取措施。

(3)充分发挥三级数据回放分析制度要求,车间数据分析组除每日 100%对数据进行回放外,需要对计划和完成情况进行统计,确保完成与实际一致,防止事故再次发生。